KB251198

# 지교회의 자국 내 외국인 선교전략

외국인 선교를 위한 디딤돌

# 지교회의 자국 내 외국인 선교전략

이순홍 지음

한국학술정보㈜

## 책머리에

한국의 지교회의 자국 내 외국인 선교전략은 점점 더 중요해져 가고 있다. 본서는 필자가 한국에서 외국인 근로자들을 위해 설립하여 사역한 빛과진리외국인선교회(Light and Truth Mission Fellowship)의 사역 경험과 필자가 미국 유학 중에 경험한 미국의 외국인 선교에 모범적인 브라이어우드 장로교회의 사역을 바탕으로 하여 한국교회의 자국 내 외국인 선교전략 개발을 위한 하나의 대안을 제시한 것이다.

현재 한국 내 외국인 체류 인구는 약 100만을 바라보고 있으며, 해마다 그것은 증가 추세에 있다. 이들을 위한 선교가 1990년대 초부터 진행되어 왔으나 극히 일부 교회들이 참여하고 있고 안방에서 복음을 전할 수 있는 좋은 기회를 충분히 살리고 있지 못한 것이 사실이다. 필요성을 느끼고 참여하려고 하는 교회는 많이 있지만 어떻게 그들에게 접근해 가야 하는지를 잘 알지 못하여 주저하고 있는 교회들도 많다.

각 교회가 해외에 선교사를 파송하고 해외선교에 열심을 내어야 하는 것은 마땅하다. 그러나 많은 나라와 족속으로부터 국내에 들어와 있는 외국인 나그네들에 대하여 관심을 가지고 보살펴 주고 복음을 전하는 것은 적은 경비로 큰 열매를 거둘 수 있는 좋은 기회이다. 이 기회를 선용하는 것 또한 한국교회의 큰 사명이 된다.

필자는 개인적으로 선교회를 설립하여 외국인들을 섬기려고 노력하였으나 역부족을 느꼈다. 재정적인 문제와 자원봉사자 지원 등에 있어서 개인적인 선교단체는 한계를 가진다. 그러나 교회는 이러한 한계들을 뛰어넘을 수 있는 자원이 있다. 각 지교회들이 주변에 와 있는 외국인들의 현황을 살펴서 자기 교회에 맞는 선교전략을 수립하여 이들을 품고 보살피고 복음을 전한다면 그리스도의 사랑을 실천함과 아울러 국익에 도움을 주고, 나아가 선교의 열매도 풍성하게 거두게 될 것이다. 본서는 이러한 지교회의 외국인 선교전략 수립에 도움을 드리고자 하는 목적으로 저술되었다.

2009년 2월

이순홍

# 목차

# Ⅰ

## 서론적 고찰

1990년대에 들어서면서 한국에는 많은 외국인 근로자들이 들어오게 되었다. 경제가 발전하고 소득이 높아짐에 따라 근로 인력의 부족이 따르고, 특히 3D 업종에[1] 대한 한국인들의 기피로 인해 이러한 업종에 특히 인력부족 현상이 두드러지기 시작했다. 따라서 중국은 물론 동남아시아, 중앙아시아, 남미, 그리고 아프리카 등지에서 많은 외국인 근로자들을 불러올 수밖에 없게 되었다. 그 결과 법무부의 「출입국관리통계연보」에 의하면 2005년에 한국에 장기체류 등록 외국인 근로자 수는 485,144명에 이르게 되었다(통계청 인터넷 홈페이지). 그리고 동년에 법무부에 등록되지 않은 불법체류자들의 수를 약 20만 명으로 예상할 때(김호정 2005), 한국 거주 총 외국인 근로자 수는 2005년 70여만 명에 이른다.

이들 많은 외국인 근로자들은 다름 아닌 한국에 머무는 나그네들로서 한국교회가 그들을 사랑으로 돌보아야 할 대상이다. 그리고 세계 선교에 앞장서고 있는 한국교회로 스스로 찾아온 그들에게 안방에서 복음을 전할 수 있는 좋은 기회를 부여받은 것이다. 이슬람권 등에는 직접 선교가 힘들고 간접 선교에 의지하고 있는데, 국내에서 무슬림들에게 직접적인 선교를 할 수 있다는 것이 외국인 근로자 선교의 장점 중 하나이다. 다양한 종족에 다양한 종교를 가진 외국인 근로자들을 국내에서 사랑으로 돌보는 가운데 복음을 전할 수 있다는 것은 주님의 사랑을 실천하는 길이요 지상명령을 수행하는 지름길이 된다.

---

1) 3D 업종은 Dangerous, Difficult, and Dirty Area를 말한다.

나름대로 한국교회는 1990년대 초부터 외국인 이주 근로자들에 대한 선교를 감당해 왔다. 1990년 경기도 성남의 재한외국인선교교회(지인식 목사)를 시작으로 1991년 성남의 주민교회(이해학 목사)가 뒤를 이어 주변의 외국인들을 위한 예배를 드리기 시작했으며, 1992년 7월에는 '희년선교회(대표 이만열, 간사 강명규)'가 발족되어 외국인 노동자에 대한 상담과 의료지원 활동 및 쉼터 제공 서비스를 하기 시작하였다. 그리고 약 10여 년이 지난 2003년의 한 조사에 따르면 총 외국인 근로자 지원단체 수가 159개이며, 그 중에 기독교 단체가 109개(지역교회의 자국 내 외국인 선교 사역 포함)이고, 천주교 단체가 12개가 되었다(설동훈 2003, 21 – 24).

이러한 외국인 근로자 지원단체 중 기독교의 선교단체 수가 압도적인 것은 한국교회가 이 분야에 많은 관심을 기울이고 있다는 증거이다. 그러나 약 70여만 명에 이르는 외국인 근로자들을 대상으로 약 100여 개의 단체가 섬기기에는 많이 부족한 것이다. 지역교회의 더 많은 참여가 요구되며, 기존 지역교회 외국인 선교 사역의 활성화가 또한 절실하다.

필자는 2001년 2월 3일에 Light & Truth Mission Fellowship (LTM, 빛과진리외국인선교회)을 설립하였다. 초기에는 몽고인들을 대상으로 허름한 빈집을 무료로 빌려서 수리하여 쉼터로 쓰면서 시작하였다. 그러나 교통이 좋지 않고, 실내 화장실이 없는 등 시설이 좋지 않아 제약이 많았다. 빌려 쓰던 집을 반환하게 되면서 몽고인들이 흩어지고, 필자의 집에서 미얀마인들을 모아서 다시 시작하였다. 최대 5명 정도가 쓸 수 있는 작은 방 한 칸을 쉼터로 사용하면서 조금씩 인원이 많아지게 되어, 결국 다른 교회당을 주일 오후에 예배 처소로 빌리게 되었다. 처음에는 미얀마인들만 모였지만, 인도, 나이지리아, 네팔, 캄보디아, 필리핀, 태국인 등이 모여 다국적 교회가 되었다. 그러나 언어 소통의 문제, 쉼터 부족, 제자훈련이 없는 예배 위주, 선교활동비와 자원봉사자의 부족 등등 취약한 점이 많아 성장에 한계가 있었다. 이러한 이유로 약 6년간의 외국인 근로자 사역을 한 후 필자는 개인적인 선교단체보다 지역교회가 자국 내 외국인 선교에 적극적으로 참여하는 것이 보다 효과적인 선교가 될 것이 분명하다는 것을 깨닫게 되었다.

2007년 1월 필자는 미국 리폼드 신학대학원(Reformed Theological Seminary, 이하 RTS) 목회학 박사과정에 수학을 가게 되었고, 미국 교회의 외국인 사역 현장을 경험하게 되었다. 미국교회도 외국인들에게 영어를 가르치면서 복음을 전하고 외국인들의 친구가 되어 주려고 노력하는 모습을 여기저기서 볼 수 있었다. 이러한 미국교회들 가운데 모범적으로 자국 내 외국인 선교를 감당하고 있는 앨라배마 주 버밍햄의 PCA(Presbyterian Church in America) 교단 소속 브라이어우드 장로교회를 소개받게 되었다. 이 교회는 1960년 프랭크 바커(Frank M. Barker, Jr.) 목사에 의해 설립된 교회로서 현재 2대 담임인 해리 리더(Harry L. Reeder) 목사가 시무하고 있으며, 미국 PCA의 대표적인 교회이다. 이 브라이어우드교회는 성경에 근거한 선교철학을 바탕으로 해외선교와 국내전도, 그리고 자국 내 외국인 선교에 앞장서고 있다. 따라서 필자는 브라이어우드교회의 자국 내 외국인 선교전략을 연구함으로 말미암아 필자의 외국인 사역을 반성하고, 한국교회의 자국 내 외국인 선교에 대한 개선점을 찾고 선교전략을 수립하는 데 도움이 되는 길을 찾으려고 하였다.

본서는 우선 브라이어우드 장로교회의 자국 내 외국인 선교전략
이 어느 범위에서 어떤 방식으로 한국교회에 적용될 수 있는가에
초점을 맞추었다. 그리고 이 주제에 따라 자국 내 외국인 선교전
략 개발의 중요성, 한국교회의 자국 내 외국인 선교의 일반적 유
형들, 한국교회의 자국 내 외국인 선교의 장애 요인들에 대한 분
석, 브라이어우드 장로교회의 선교철학, 그리고 효율적인 자국 내
외국인 선교 사역을 위한 브라이어우드 장로교회의 선교 방안 등
의 순서로 서술되었다.

본서에서 사용되는 주요 용어를 정의해 보면 다음과 같다.

1. 지교회: 김은수 교수에 의하면 "교회는 하나님의 언약의 백성
   의 선교주도적 예배공동체"라고 한다(김은수 2007, 18). 지교
   회는 이러한 선교주도적 예배공동체가 각 지역에 흩어져서
   지역교회를 형성하고 있는 것을 말한다.

2. 자국 내 외국인: 한국의 경제발전으로 인하여 1990년대 초부
   터 3D 업종의 인력부족을 해소하기 위하여 동남아, 중앙아시
   아, 아프리카, 남미 등지에서 불러온 근로 외국인들을 포함한
   한국에 거주하는 외국인들을 한국의 자국 내 외국인이라고 하
   며, 미국에 거주하는 타국에서 온 거류민을 미국의 자국 내
   외국인이라고 한다.

3. 선교전략: 선교전략(Strategy)과 선교방법(Methods)은 자주 교
   호적으로 사용되기도 하지만 다른 의미를 가지고 있다. 전략
   은 전반적인 계획, 원리들, 그리고 방식들(ways)로서 이것들에
   의해 자원과 기회들이 주어진 일에 사용되게 된다. 한편, 방

법은 종합적이고 융통성 있는 기술과 행동들, 그리고 구체적
인 수단들을 의미하며, 이것들에 의해 하나님의 백성들이 선
교명령을 수행하게 된다(Crawley 1985, 26; Dayton and Fraser
1990, 13). 결국 선교전략이란 효과적인 선교를 위해 주어진
자원들과 기회들을 사용하는 계획과 원리, 그리고 방식들을
말하며, 넓은 의미로는 선교방법을 포함한다.

4. PCA: Presbyterian Church in America의 약자로서 역사적 개혁
   주의를 따르며, 웨스트민스터신앙고백서를 교리체계로 받는
   미국의 장로교 교단이다. 예수 그리스도의 신성과 성경의 권
   위와 무오를 부인하는 Presbyterian Church in the United
   States(PCUS)의 자유주의 신학 노선을 반대하는 교회들이 이
   PCUS에서 분리되어 나와 1973년 12월에 앨라배마 주 버밍햄
   의 브라이어우드 장로교회에 모여 PCA를 조직하였다(PCA 인
   터넷 홈페이지).

5. 브라이어우드 장로교회: 프랭크 바커 목사에 의해 미국 앨라
   배마 주 버밍햄에 1960년 설립된 교회로서 현재 2대 담임인
   해리 리더 목사가 시무하고 있으며, 미국 PCA의 대표적인 교
   회이다.

Ⅱ

# 외국인 선교전략에 대한 이해

자국 내 외국인 선교를 위한 지교회의 선교철학과 전략에 대한 이해를 위하여 다음의 세 분야에 대하여 고찰해 보기로 한다. 먼저 '일반적인 선교전략에 대한 이해'에 대해서, 다음으로 '한국교회 선교전략 발전사'에 대해서, 마지막으로 '자국 내 외국인 선교전략' 분야에서 주제와 관련한 선행 연구를 살펴보고자 한다.

## 1. 선교전략에 대한 이해

선교전략에 대한 이해를 위하여 선교전략의 필요성은 무엇인가, 그리고 그 전략의 역사적인 발전과 유형들, 또한 효과적인 선교전략의 수립을 위해서는 무엇이 필요하며, 이 전략과 문화와의 관계는 무엇인가에 대하여 고찰해 보기로 한다.

### 1) 선교전략의 필요성

기독교인들은 하나님 아버지께서 원하시고, 그리스도께서 명령하시고, 성령께서 인도하시고, 그리고 구원받은 사람들과 단체가 그것을 요구하기 때문에 세계 선교에 참여한다. 선교는 기독교인들의 마땅한 의무이다. 이 선교는 하나님의 명령 아래 그분의 영광을 위하여 그분의 능력으로 이루어진다. 그리고 이 선교는 하나님의 방법으로 이루어져야 한다(Smith 1998, 434).

성령께서는 교회와 신자를 통해서 전도와 선교를 이루어 가신다. 이 전도와 선교에는 전략이 필요하다. 선교전략과 방법은 성령께서 주시는 하나님의 방법이 되어야 한다. 복음을 전하는 것은 인간의 지혜와 능력이 아닌 성령께서 주시는 지혜와 능력으로 해야 된다는 것이다. 예수님께서는 복음을 전파하기 위하여 제자들을 파송하시면서 “보라 내가 너희를 보냄이 양을 이리 가운데로 보냄과 같도다. 그러므로 너희는 뱀같이 지혜롭고 비둘기같이 순결하라.”고 하셨다(마 10:16). 피터 와그너(Peter Wagner)는 선교가 성령에 의해 이루어지므로 성령을 선교전략으로 바꾸어서는 안 되지만, 성령이 지배하는 성령으로 영감된 적절한 선교전략이 필요하다고 하였다. 훌륭한 관리와 사려 깊은 계획은 선교와 배치되지 않고 오히려 하나님 나라 사업의 한 분야를 차지한다는 것이다(1992, 11).

해롤드 쿡(Harold R. Cook)은 말하기를 “개인이 그의 사역을 위해 계획을 세우는 것이 필요하다면 선교는 더욱 그것을 필요로 한다.”라고 하였다(1963, 29).

훌륭한 전략은 광범위한 원칙과 특별한 작전에 관심을 두지만 분명한 목적이 있어야 한다. 목적이 없고, 가는 방향이 설정되어 있지 않으면 전략이 불필요하다. 선교에 있어서도 하나님의 종들은 명확한 목적을 가지고 목적을 말로 표현할 줄 알아야 한다. 그리고 기도와 성경 연구와 원숙한 상식을 통하여 그 목적에 도달하는 방법을 개발하여야 한다(와그너 1992, 12).

데이톤과 프레저는 선교전략의 필요성에 대하여 다음과 같이 열거하고 있다(2002, 45).

가. 전략은 그리스도인들인 우리들로 하여금 하나님과 성령의 뜻을 추구하게끔 한다.

나. 전략은 미래를 예기하고자 하는 시도이다. 전략은 계획들이나 목표들과 같이 미래가 마땅히 취하여야 할 것으로 믿고 있는 양상과 그 미래에 도달하기 위하여 취하여야만 할 태도에 관한 믿음의 진술이다.

다. 전략은 우리의 의도를 다른 사람들에게 전달하는 방법이다.

라. 전략은 우리에게 방향과 일관성에 대한 전반적인 인식을 가져다준다. 전략은 행하지 말아야 할 것들을 결정하도록 도와주기도 하는데, 이는 전략이 어떤 일들을 행하는 특정한 방법들을 배제하기 때문이다.

예수님께서는 누가복음 14장 28-32절에서 다음과 같은 비유를 말씀하셨다.

> 너희 중에 누가 망대를 세우고자 할진대 자기의 가진 것이 준공하기까지에 족할는지 먼저 앉아 그 비용을 예산하지 아니하겠느냐. 그렇게 아니하여 그 기초만 쌓고 능히 이루지 못하면 보는 자가 다 비웃어 가로되 이 사람이 역사를 시작하고 능히 이루지 못하였다 하리라. 또 어느 임금이 다른 임금과 싸우러 갈 때에 먼저 앉아 일만으로써 저 이만을 가지고 오는 자를 대적할 수 있을까 헤아리지 아니하겠느냐. 만일 못할 터이면 저가 아직 멀리 있을 동안에 사신을 보내어 화친을 청할지니라.

이 말씀은 우리의 헌신에 대한 비유이지만 선교에도 적용할 수 있다. 하나님의 지상명령을 올바르게 수행하기 위하여 전략을 바르게 수립하는 것은 선교의 중요한 과제의 하나임에 틀림없다. 필자는 미국 PCA 교단의 선교부 'Mission to the World'에서 주관한 2007년 선교대회에 참가할 기회가 있었는데, 여기서 Dr. Richard Fratt은 설교를 통해 "선교는 우리의 일부가 아니고 전부가 되어야 하며 추가되는 어떤 것이 아니라 우리의 중심이 되어야 한다."라는 강력한 메시지를 던졌다. 자국 내 외국인 선교를 포함한 모든 선교는 우리의 삶과 헌신에 중심이 되어야 하며, 이를 위해 올바른 전략을 가지는 것은 선택 사항이 아니고 필수 사항이다.

## 2) 선교전략의 역사적 흐름

선교전략에 대한 이해를 돕고, 오늘날 선교전략과 방법을 어떻게 세울 것인가에 대하여 도움을 받기 위하여 역사적으로 어떠한 선교전략과 방법이 사용되어 왔는가를 살펴보는 것이 필요하다. 신약성경에서 우선 우리는 바울이 선교를 전략적으로 했던 것을 발견할 수 있다. 사도행전 17장 2절에서 사도 바울이 안식일에 '규례대로' 회당에 들어가서 성경을 강론하며 복음을 전했다. 사도 바울의 전략은 큰 도시로 가서 그곳에 회당이 있을 경우 그 회당에 들어가서 예수 그리스도를 전하고 그 다음의 일들은 자연적 과정에 따라 진행되도록 하는 것이었다(데이톤, 프레저 2002, 44). 그리고 우리는 교회 역사 속에서 많은 선교전략들을 발견할 수 있다.

다음은 에비 스미스(Ebbie Smith)가 교회사 속에서 선교전략과 방법의 흐름에 대하여 설명한 내용 중에서 필자가 긍정적이고 효과적인 것들을 골라서 간단하게 정리한 것이다(Smith 1998, 436 – 441).

가. 고트족(Goths)을 위해 일한 울필라스(Ulfilas, 311 – 381)는 우선적인 선교방법으로 성경 번역을 사용하였다. 성경 번역과 기독교 서적을 출판하는 일은 가장 가치 있는 선교도구들로 증명되어 왔다.

나. 주후 약 562년에 콜룸바(Columba)가 스코틀랜드 해역의 아이오나 섬에 선교사 훈련 학교를 설립하였다. 적당한 리더십 훈련은 하나의 중요한 선교방법으로 여겨지고 있다.

다. 주후 590년에 그레고리(Gregory) 교황은 영국에 어거스틴(Augustine)과 다른 선교사들을 파송함으로 기존의 교회가 어느 다른 지역을 선교하는 길을 열었다. 기존 교회가 선교지에 복음을 전하고 교회를 세우기 위하여 선교사들을 파송하는 방법은 효과적인 선교방법이 되어 왔다.

라. 제국주의 시대에도 긍정적인 선교방법이 있었는데, 스페인 사람 바돌로매(Bartolome de las Casas)는 현재 아이티(Haiti)와 도미니카공화국(Dominican Republic)으로 나뉘어 있는 에스파뇰라(Hispaniola) 섬에 대한 지배권을 포기하고 수도사가 되어 인디언들에 대하여 인간적인 대우를 하므로 선교에 진전을 가져왔다. 다른 문화권에 있는 사람들에 대한 인격적인 대우와 인권 존중을 중시하는 선교방법은 생명력이 있다.

마. 로마 가톨릭교회의 예수회 선교사인 프란시스 자비에르(Francis Xavier)는 주후 1542년에 남인도의 고아(Goa)에서 선교를

시작하였는데, 이곳에서 수천의 결신자를 얻고 말라야(Malaya)와 인도네시아, 일본, 버마, 태국, 그리고 중국까지 순회 선교를 하였다. 이는 전략적으로 순회 선교의 중요성을 가르쳐 주는 계기가 되었다.

바. 또 다른 로마 가톨릭교회 선교사 로버트 디 노빌리(Robert de Nobili, 1577 – 1656, 인도 선교사)와 마테오 리치(Matteo Ricci, b. 1552, 중국선교사)는 문화에 적응하는 선교방법을 사용하였다. 당시에 교황청의 반대에 부딪치기도 했지만 오늘날 선교전략에서 적응과 토착화의 지혜가 설득력을 가지고 있다.

사. 경건과 영성이 선교 사역의 중심이 된 적이 있다. 데이비드 브레이너드(David Brainerd, 1718 – 1747)는 깊은 영성과 강렬한 사랑으로 많은 잃어버린 미국 인디언들의 영혼을 구했다. 인도에서 선교했던 바돌로매 지이겐발크(Bartholomew Ziegenbalg)와 같은 모라비안 형제들도 경건한 영성으로 선교에 진전을 가져왔다.

아. 19세기는 '기독교 선교의 위대한 세기'로 불리는데, 이때에도 선교방법론에 있어서 긍정적인 면과 부정적인 면이 있었다. 긍정적인 것 중의 하나는 함께 선교를 발전시키기 위하여 여러 교파로부터 온 관심 있는 기독교인들이 선교단체를 조직한 것이었다. 윌리엄 캐리(William Carry)는 인도 선교를 증진시키기 위하여 앤드류 풀러(Andrew Fuller) 등과 함께 '침례교 선교사 협회(Baptist Missionary Society)를 조직하였다. 그 외에도 1800년까지 '런던 선교사 협회(London Missionary Society)', '교회 선교사 협회(Church Missionary Society)', '화란 선교사 협회(Netherlands Missionary Society)' 등이 생겨났다.

윌리엄 캐리는 다른 방식으로 다음과 같은 선교방법도 개발시켰다. 첫째는 가능한 모든 방법을 동원하여 복음을 넓게 선포하는 것이었다. 두 번째는 그 나라 언어로 번역된 성경을 최대한 분배해서 복음 선포를 돕는 것이다. 셋째는 최대한 빨리 교회를 설립하는 것이다. 넷째는 불신자들의 배경과 사상들을 주의 깊게 연구하는 것이다. 다섯째는 토착화 사역에 대한 훈련이었다(Neill 1964, 263).

선교전략가 헨리 벤(Henry Venn)과 루퍼스 앤더슨(Rufus Anderson)은 선교사 의존적인 선교방식에서 떠나 교회 토착화 방식을 도입하였다. 즉 '삼자(three-self)' 방식으로 선교지 교회가 자급(self-supporting), 자치(self-governing), 자전(self-propagating)을 해야 한다는 것이다(Smith 1998, 439). 이 삼자 방식을 존 네비우스(John L. Nevius)가 1880년경에 중국에서 토착화 교회를 위한 하나의 전략으로 개발하였다. 그러나 그것은 중국 선교사들에 의해 거절되었고, 한국에서 받아들여졌으며 효과적으로 적용되었다.

자. 20세기의 선교방법 중 긍정적인 패턴은 지상명령 선교방식으로 제자를 만들고 이들을 지역 토착교회에 모으고, 그리고 그들을 기독교인의 삶을 살고 봉사할 수 있도록 훈련시키는 것이다. 이 패턴은 역시 교육과 훈련, 의료 선교, 그리고 개발 봉사 등의 인도주의적인 노력들을 포함한다. 그러나 이러한 인도주의적인 노력들은 전도를 대신하는 것이 아니고 제자를 삼고 교회를 개척하기 위한 노력의 일부이다. 선교는 복음 전파와 교회 설립이라는 두 가지 주요 책임을 잃어서는 안 되기 때문이다.

## 3) 선교전략의 유형

선교전략에 대한 접근 방법들은 다양할 수 있다. 데이톤과 프레저는 전략의 유형들을 다음과 같이 4가지로 정리하고 있다(2002, 46 – 48).


### (1) 표준적 해결 전략(The Standard Solution Strategy)

표준적인 해결 전략은 특별한 행동방침을 설정한 후 그것을 모든 상황에 동일하게 적용시키는 전략이다. 세계문서선교회(World Literature Crusade)가 세계 모든 지역의 모든 가정들에게 기독교 문서를 보급하려는 운동과 대학생 선교회의 '사영리'(Four Spiritual Laws) 전도방법은 이 전략의 예들이다. 세계문서선교회의 임원들은 사람들이 문자를 해독할 수 있는 자질을 갖추고 있다는 점과 그들이 올바른 기독교 문서를 읽기만 한다면 기독교로 개종할 수 있다는 점을 기정사실로 추정하고 있다. 그리고 대학생 선교회도 '사영리' 전도방법이 한 장소에서 거둔 접근 방식이 다른 곳에서도 효과를 거두리라는 점을 전제로 하고 있다.

이 전략이 지닌 문제점은, 첫째로 이 전략이 다른 사람들이 행하고 있는 것들을 전혀 고려치 않으려는 경향을 지니고 있다는 것이다. 표준적인 해결책을 지니고 있기 때문에 여러 문제들을 표준적인 것으로 간주하고 있다. 둘째로 이 전략은 모든 사람들이 이 전략을 이해하고 이 전략에 참여하리라는 점을 전제로 하고 있다. 셋째로 이 전략은 일반적으로 한 문화권에 기반을 둔 것으로서 새로운 문화권에 적용되는 데는 많은 어려움들을 지니고 있다.

## (2) 과정 전략(The Being-in-the-Way Strategy)

이 전략은 전혀 전략이 아닌 것처럼 보이기도 한다. 이 전략을 채택하고 있는 사람들은 계획을 세우는 것은 필수적이 아닌 것으로 믿고 있으며, 미래에 대한 특별한 의도를 전혀 가지고 있지 않다. 그들은 하나님께서 그들을 인도해 주시리라는 점을 전제로 하고 있으며, 선교는 하나님의 업무인 까닭에 이에 대한 장기적인 계획을 세우는 것을 그리 중요하지 않은 것으로 간주한다. 또한 이 전략은 선교의 모든 문제점들을 하나님의 문제로 간주함으로써 전혀 실패를 고려하지 않고 있으며, 그들의 모든 활동은 성공적인 것으로 간주하고 있다.

이 전략은 합의의 문제점을 지니고 있는데, 둘 이상의 사람들이나 조직들이 이 전략을 사용할 경우 서로의 활동을 방해할 수 있다. 이 전략은 보다 깊은 개인적인 영성에 대한 근본적인 욕구에 강조점이 놓일 때 일반적으로 채택되고 있는데, 이 전략은 깊은 영성이 자각될 때 복음화가 저절로 일어날 것이라는 점을 전제로 하고 있다.

필자가 한동안 참여한 바 있는 총신대학교 신학대학원에서 태동한 NSM(New Spark Movement, 새 불씨 운동) 선교회의 경우 일부 리더들이 바로 이 과정 전략을 사용한 것으로 추정된다. 이들은 범사에 감사하고, 항상 부족함이 없고, 불가능할 것도 없다는 등의 깊은 개인적 영성을 바탕으로 아무 계획이나 전략 없이 하나님께서 인도해 주시는 대로 선교를 감당하려고 하였다. 물론 그들에게도 전략이 완전히 없는 것은 아니고 장기 금식, 성경 천독 운동 등의 영성을 위한 깊은 전략이 있었다. 그러나 결국 리더들의 의견 차이가 점점 심해져서 조직적이고 계획적인 리더들은 남고, 그렇지 않은 리더들은 WBM(World Benediction Mission, 세계 축도 선교회)이라는 다른 선교회를 만들어 분리되고 말았다.

## (3) 계획 전략(The Plan-So-Far Strategy)

이 전략은 우리가 선교 사역을 시작할 계획을 세울 경우 하나님께서 그 나머지의 모든 일들을 스스로 수행하실 것이라는 점을 전제로 하고 있다. 이 전략은 결과에 중점을 두지 않고 시작에 중점을 두고 있다. 이 전략도 과정 전략과 마찬가지로 큰 믿음을 필요로 하는 것처럼 보인다. 하나님께서 어떤 특별한 상황에서 어떠한 일이 일어나기를 원하시는가를 이해하고, 하나님께서 의도하시고 계신 것으로 생각되는 것을 실현시키기 위하여 그 일에 동참하는 것이야말로, 한층 더 믿음을 필요로 한다는 사실을 알아야 한다는 것이다.

## (4) 독자적인 해결 전략(The Unique Solution Strategy)

이 전략은 당면하는 모든 상황들이 서로 다르며 그 상황들이 각기 그 자체에 맞는 특별한 전략을 필요로 하고 있다는 점을 전제로 하고 있다. 또한 이 전략은 우리가 방법을 발견할 수 있다는 것과 각 상황들이 각기 그 자체의 독자적인 해결책을 지니고 있다는 점을 가정하고 있다. 이 전략은 미래에 대한 믿음의 진술을 제시하여야만 한다는 점을, 다시 말해서 목표들을 설정하여야 한다는

점을 주장하고 있으며, 표준적인 해결책들은 결코 실제적인 해결책
이 될 수 없다는 점을 전제로 하고 있다.

결국 우리는 전략의 다양성을 인정하여야 하며, 또한 복음의
본질을 변경시키지 않으면서 상황에 맞도록 선교전략을 계속적
으로 개발하여야 한다.

## 4) 효과적인 선교전략의 수립

와그너는 선교전략을 수립하는 데 있어서 고려해야 할 중요한
요소를 아래와 같이 세 가지로 정리하고 있다(1992, 12 – 13).

가. 성경 중심: 세속적인 분야에서 전략을 세울 때 성경적인지
아닌지의 여부는 고려 대상이 아니다. 그러나 선교에 있어서는 주
님의 방법으로 해야 하기 때문에 전략이 성경적이어야 하는 것이
가장 중요한 요소이다.

나. 효율성: 선교의 자원은 제한되어 있다. 이러한 자원을 효율
적으로 활용할 책임이 우리에게 있다. 우선적으로 선교 사업에는
물질적 자원보다 일꾼이 더 소중하다. 효율성을 위해 최선의 인사
기용이 필요하다. 오늘날 많은 선교사들과 헌신자들이 효과적인 봉
사활동에 기용되지 못하기 때문에 하나님의 일이 많이 지연되고
있다. 다음으로 재정적 자원을 최선을 다해 이용해야 한다. 선교활
동의 예산을 집행할 때 우선권의 결정을 요하므로 이 역시 전략에
속한다. 마지막으로 시간의 최선적 이용이다. 선교사들이 다 바쁘

게 일하지만 정해진 목적에 달성하는 정도는 다 다르다.

다. 적응성: 선교전략을 세울 때는 시대의 흐름을 읽어야 한다. 2010년대의 전략은 2000년대의 것과 많은 점에서 전혀 다를 수 있다. 시대의 변화로 말미암아 해마다 조정이 불가피하다. 이러한 조정에는 지혜와 광범위한 독서, 융통성, 회의, 계획 및 용기가 필요하다.

다음은 해롤드 쿡이 효과적인 선교전략을 위해서 필요한 3요소를 제시한 것인데, 전략이 실용적이며 실천 가능성이 있어야 한다고 볼 때 참고가 된다.

가. 시작할 때의 일반적인 동의: 만약 전체 선교사들이 처음 도입하려는 하나의 전략을 받아들이지 않는다면 그 전략은 수행될 수 없다.

나. 사용되어야 함: 한 전략이 동의를 얻었다 하더라도 실행에 옮겨지는 것이 필요하다.

다. 새로운 사역자들에게 가르쳐져야 함: 새로운 선교사들이 해마다 사역에 참가하기 때문에 그들에게 선교전략을 가르치는 어떤 방법이 있어야 한다(1963, 34 – 35).

에비 스미스는 효과적인 선교전략을 수립하기 위한 계획의 모델을 에드워드 데이튼(Edward R. Dayton)과 데이비드 프레이저(David A. Fraser)의 저서 *Planning Strategies for World Evangelization*에서 인용하여 아래와 같이 단계적으로 소개하고 있다(Dayton and Fraser

1990, 32 - 37).

> 1단계: 계획은 선교의 정의를 함으로써 시작된다.
> 2단계: 사람과 그들의 문화를 이해하도록 하라.
> 3단계: 선교사의 힘을 결정하라. 즉 어떤 종류의 사람과 어떤 기술이 필요한가?
> 4단계: 그 지역에 효과적으로 사용될 수 있는 방법과 수단들을 확정하라.
> 5단계: 이 지식을 가지고 선교사 그룹이 약속된 곳에 접근하도록 하라.
> 6단계: 결과들을 기대하라.
> 7단계: 선교 팀 안에서 역할을 분담하라.
> 8단계: 역할이 결정되면 실행되어야 할 구체적인 계획들을 세우라.
> 9단계: 그 계획들을 아주 조심스럽게 행동으로 옮기라.
> 10단계: 실행된 것과 그 유효성을 평가하라.
> 11단계: 평가에 따라 수정하거나 추가하라.

## 5) 선교전략과 문화

가일린 반 리이넨(Gailyn Van Rheenen)은 선교전략을 정의하기를, "전략이란 어떤 문화적 상황 속에서 하나님의 뜻으로부터 나오는 실제적인 일이다(Strategy is defined as the practical working out of the will of God within a cultural context)."라고 하였다(1996, 140). 선교는 타 문화권에서 복음을 전하는 것이기 때문에 문화와의 관계를 도외시할 수 없다.

선교전략이 다른 많은 전략들과 다른 한 가지 요소는 선교전략에는 다른 문화와의 접촉을 중요시할 수밖에 없다는 것이다. 그러므로 선교전략을 이해하려고 할 때 문화, 문화적 충격, 그리고 문화적 장벽이라는 이론적이고 실제적인 측면을 다루지 않으면 안

된다(와그너 1992, 85).

문화를 경기의 규칙이라고 생각하면 이해가 쉽다. 이 경우 경기란 인간생활과 인간관계이며, 문화란 어떤 인간단체가 고안하고 그것을 자기들의 생활양식으로 받아들이는 일정한 규칙이라는 것이다. 그런데 문화의 규칙을 배우기는 쉽지 않다. 운동경기의 규칙은 책을 사서 연구하여 습득할 수 있지만, 문화의 규칙에 관한 책이 대체로 기록되어 있지 않기 때문에 관찰, 경험, 시험과 오류를 통하여서만 배우게 된다. 자동차 법규와 같은 것은 기록되어 있다. 즉 영국에서는 자동차가 좌측통행을 하고, 미국에서는 우측통행을 하라는 것 등이다. 그러나 고도로 발달한 사회에서는 성문법은 문화적 규칙의 단편에 불과하므로 나머지는 경험으로 배워야 한다 (85 - 86).

성인이 타 문화권에서 행동 양식을 배우려면 많은 어려움을 겪게 된다. 이러한 경험을 '문화의 충격'이라고 한다. 이 충격에 대한 이해를 충분히 하고 이를 극복하는 방식을 배우는 것이 중요하다. 이는 운동경기의 규칙을 배우는 것과 같다(88 - 95).

'문화적 장벽'도 '문화의 충격'과 같이 보편적인 것이다. 인간은 새로운 규칙에 의한 생활이라는 경기를 운영하기 어렵기 때문에 타인이 우리의 규칙을 따라야 한다고 확신시키려 한다. 이것이 바로 문화적 장벽이다. 우리는 이와 같은 장벽에서 완전히 벗어날 수 없는 반면 그것을 줄이기 위한 조치를 취할 수 있다(95).

폴 히버트(Paul G. Hiebert)는 문화를 정의하기를, "인간이 생각하고 느끼고 행동하는 바를 조직하고 체계화하는 일단의 사람에 의하여 공유된 사상, 감정, 가치, 그리고 행동에 연관된 유형과 산

물의 통합된 다소의 체계(the more or less integrated systems of ideas, feelings, and values and their associated patterns of behavior and products shared by a group of people who organize and regulate what they think, feel, and do)"라고 하였다. 이 정의에서 문화가 사상, 감정, 그리고 가치에 관계되었다는 것은 문화가 인식적 차원, 감정적 차원, 그리고 평가적 차원의 세 가지 기본적인 차원을 가지고 있다는 것을 말한다(1993, 34). 그리고 이 정의가 알려 주는 것은 문화란 인간의 삶 전체이며 종합적이고 복합적이라는 것이다.

선교전략을 세울 때, 우리는 바로 이 문화의 인식적, 감정적, 평가적인 세 차원을 기억하여야 할 것이다. 이유는 복음은 이들 전부를 다루어야 하기 때문이다. 어떻게 하면 복음을 지식적으로 잘 받아들이도록 할 것인가, 그리고 감정적으로 피선교지의 문화에 맞게 전할 것인가, 나아가 선교지의 사람들이 복음의 가치를 발견하고 인생을 그리스도께 맡기는 회심에 이르게 할 것인가에 대하여 연구할 필요가 있다. 여기서 중요한 것은 복음은 상황화가 필요하지만 선지적 임무를 잃어서는 안 된다는 것이다.

## 2. 한국교회 선교전략 발전사

선교전략 이해의 다음 과제로, 총신대학교 신학대학원 김성태 교수의 저서 『세계 선교전략사』의 제2부 '한국교회사에 나타난 선교전략'에서와 같이 세 시대로 구분된 한국교회 선교전략 발전사에 대하여 고찰해 보고자 한다. 첫 번째 시기는 1866년부터 1910년까지의 기간으로 스코틀랜드 토마스 목사의 대동강변에서의 순교로부터 한일합방까지이며, 둘째 시기는 1910년부터 1945년 한국이 독립할 때까지이며, 세 번째 시기는 독립 이후부터 지금까지로 구분한다. 이 구분은 역사 전환의 큰 흐름 속에서 전략의 발전 과정을 보다 분명하고 용이하게 접근하려는 의도이다(1994, 213).

### 1) 1866년부터 1910년까지의 기간

이 기간은 스코틀랜드 토마스 목사의 대동강변에서의 순교로부터 한일합방까지의 기간이다.

### (1) 선교사들의 선교전략

우선 당시 한국에 파송되어 왔던 선교사들의 선교전략이 어떠했는가를 다음 몇 가지로 나누어 설명하고자 한다.

가. 총체적인 선교전략(Total, Holistic Mission Strategies)

공식적으로 선교를 수행할 수 없었던 초창기 상황에서는 의료, 교육 분야를 통한 간접적인 선교가 이루어질 수밖에 없었다. 의료, 교육 선교는 상류층에서 하류층에 이르기까지 사회 각 계층에 접근할 수 있었으며 한국인으로 하여금 복음에 수용적이게 하는 데 기여하였다(223 – 224).

1884년 9월 장로교 의료선교사 알렌(H. N. Allen)이 한국에 입국하여 미국공사관의 관의로 무보수로 정식 채용되었다. 그는 갑신정변에서 부상당한 민영익을 치료하였고, 이 민영익의 도움으로 1885년 4월 국립병원 광혜원을 설립할 수 있었고, 이를 근거로 의료선교를 펼칠 수 있었다(백낙준 1985, 102 – 113). 1886년 미국 장로교 본부는 애니 J. 엘러즈(Annie J. Ellers) 양을 파송하여 신분의 고하를 막론하고 모든 중요한 부녀들과 관련된 사업을 맡아보도록 하였다. 엘러즈 양은 선교사들뿐만 아니라 왕비와 중중 귀부인들의 환영을 받으며, 신설된 국립병원의 부녀과에서 일하였다(백낙준, 125).

장로교의 경우와 마찬가지로 한국감리교회의 설립도 의사에 의하여 시작되었다. 감리교의 의사 선교사인 스크랜턴(W. B. Scranton)은 1885년 5월에 한국에 도착하여 알렌과 함께 국립병원 광혜원에서 한 달 정도 일하다가 헤론 의사가 합류하자 광혜원에서 사임하고 감리교 선교부를 창설하기 시작하였다. 그는 1885년 9월 10일부터 자기 집에서 정식으로 의료사업을 시작하였다. 장로교인들은 병원사업과 한인 의사 양성에 집중한 데 반하여, 감리교인들의 의료사업은 개방적이었다. 감리교 의료사업은 당시의 천민들과 가난한 사람들을 위하는 데 치중하였다(백낙준, 129).

한국에 부녀자 사업을 개시하고 최초의 여학교를 설립한 영예는 메리 F. 스크랜턴(Mary F. Scranton) 여사가 차지하였다. 여사는 1885년 6월에 한국에 도착하여 언덕 위의 초가집들을 구입하여 수리한 후, ‘여자학당과 부녀원’을 설립하였다. 학교가 점점 자라나서 1886년에는 18명의 여학생이 공부하였으며, 이 기관의 목적은 ‘학생들로 하여금 자기들이 살 생활환경에서 가정부인으로서의 근본이 되게 하며, 또한 친척과 친구들에게 십자가의 도를 전파하는 사람들이 되게 하는 데’에 있었다. 이렇게 오늘날의 이화여자대학교가 시작되었다(백낙준, 133 – 135).

언더우드는 국립병원 부설 의학교에서 화학과 물리 교수를 함으로써 그의 선교사 생활을 시작하였다. 그러나 아펜젤러는 처음부터 사역에 대한 개척을 해 나갈 수밖에 없었다. 그는 한국 청년들에게 가장 유용한 것이 영어라고 생각하고 영어를 가르치는 데에 주의를 기울였다. 폴크 공사를 통해 국왕에게 영어교육의 필요성을 아뢰게 하였고, 학생들을 모을 수 있도록 허락을 받았다. 그리하여 1886년 6월에 시작한 학교는 동년 10월에 약 20명이 출석하는 학교로 발전하였다. 1887년에는 더욱 발전하여 정부의 인가도 받게 되었다. 고종은 이 학교의 이름을 ‘인재를 배양하는’ 배재학당이라고 지어 주었다(135 – 136).

언더우드는 고아원의 효시인 남자기숙학교를 열었는데, 이 ‘고아원’은 예수교학당이라 부르기도 하고 구세학당이라고도 하였다. 안창호, 김규식 등이 이 학교에 재학하였고, 오늘날 경신학교의 전신이었다(138). 그 외에도 많은 예들이 있지만 이상과 같이 선교 초기에는 의료와 교육, 구제 등의 간접선교, 즉 총체적 선교전략이 주요 전략이었다.


### 나. 네비우스 선교 정책

중국 선교사 네비우스(John L. Nevius)는 1885년 ≪중국 선교 기록서(Chinese Recorder)≫라는 선교잡지에 그의 유명한 선교방법인 네비우스 원리를 「선교교회의 설립과 발전(Planting Development of Missionary Church)」이라는 제목의 글로 소개하였다. 네비우스 선교방법의 가장 중요한 핵심은 철저한 성경공부였다. 이는 성경 지식 없이는 바른 선교방법이 나올 수 없고, 성경을 통해서만이 진정한 자급, 자치, 자전의 토착교회가 설립될 수 있다는 네비우스의 확신 때문이었다. 그리고 철저한 성경공부의 바탕 위에서 순회 전도(wide itineration), 엄격한 교회치리(strict church discipline), 모든 신자들에 의한 총체적인 전도(holistic evangelism by all believers) 등을 포함하고 있다(김성태 1994, 226 – 228).

네비우스 선교방법에 대하여 여러 가지 분석들이 있으나 찰스 클락(Charles A. Clark)이 네비우스의 「선교교회의 설립과 발전」을 토대로 다음과 같이 요약한 것이 대표적이다.

첫째, 선교사 각자의 개인 전도와 순회 전도를 장려한다.

둘째, 모든 일을 성경 중심으로 해야 한다.

셋째, '자전(Self – propagation)'으로 새 신자를 막론하고 모든 신자들이 각자가 성경을 배우고 가르쳐야 하며, 교회에 속한 모든 회와 회원이 전도에 힘써야 한다.

넷째, '자치(Self – government)'로서 모든 신자의 회는 장차 목사될 사람으로 무보수로 일하는 전도인의 지도하에 교회를 운영하고 전도해야 한다.

다섯째, '자급(Self‑support)'으로 교회의 건물은 자체 내의 자금 조달로 지어야 하며, 교회가 일단 조직되면 전도인의 사례를 지급하여야 한다.

여섯째, 체계적인 성경공부를 함으로써 각 신자가 앞으로 성경공부반을 지도하거나 도울 수 있게 한다.

일곱째, 엄격한 성경 중심 생활을 해야 한다.

여덟째, 다른 교회와의 협조를 장려하며, 적어도 서로가 지역을 분할하여 일할 것을 권장한다.

아홉째, 소송문제와 그와 같은 유의 사건에는 선교사들은 관여를 삼가야 한다.

열째, 그러나 주민들의 경제문제에는 언제나 도울 자세를 갖추어야 한다(Clark 1971).


### 다. 선교 연합을 통한 선교

1889년 호주 장로교 선교사들이 입국하자 그해에 미국 북장로교 선교회와 호주 선교회는 '선교 연합 공의회(The United Council of Missions)'를 구성하였다.

1893년에 미국 남장로교, 캐나다 장로교, 호주 장로교의 선교 사역 재개는 '장로교 정치 형태를 쓰는 선교 공의회(The Council of Missions Holding the Presbyterian Form of Government)'를 결성하였다.

1905년에는 장로교 선교 공의회와 미국 북감리교, 남감리교의 선교부가 연합하여 '한국 복음주의 선교 연합 공의회(The general

Council of Evangelical Missions in Korea)'를 조직하였다. 이러한 연합 단체는 성경 번역, 찬송가 통일, ≪한국 선교(The Korean Mission Field)≫지 공동 발간, 숭실, 연희 전문, 세브란스 병원 등의 공동 운영 등을 추진하면서 교파를 초월한 단일의 조선 기독교회를 세우려고 했으나 본국 선교부의 반대와 시일이 지남에 따른 각 선교부의 사역 확장 등으로 이루지 못하였다. 교리적인 차이를 무시한 단일교회 설립은 신학의 좌경화, 다양성의 상실로 인한 역동성 결여 등을 가져올 수 있어서 오히려 잘된 것이었다. 그러나 연합운동은 불필요한 선교 자원의 낭비와 긴장을 극복하게 하는 장점이 있다(김성태 1994, 235-236).


### 라. 사랑방 전도

선교사들이 병원이나 학교와 같은 기관을 통해서 또 영어 교수를 통해서 한국인들을 접촉한 것 외에, 또 다른 효과적인 방법은 개인 접촉이었다. 한인들의 집에는 계급 여하를 막론하고 '사랑방'이 있었는데 거기에는 사람들이 항상 모여서 세상 형편 얘기도 하고, 한 사람이 얘기책을 읽으면 다른 사람들이 듣기도 하고 피차 사귀며 접촉하는 곳이었다. 남자들이 사랑방에서 살고 있는 반면에 여자들은 안방을 독차지하고 있었다. 개척 선교사들은 이런 사랑방으로 사람들을 심방하기도 하고 한편으로는 사람들이 자유로 왕래할 수 있는 손님방을 만들기도 하였다. 선교사들은 찾아드는 사람들을 친절히 맞아 주고 그들과 종교문제를 토론도 하였다. 남자 선교사들이 사랑방을 통하여 남자들에게 가까이 가는가 하면, 여자 선교사들은 안방으로 찾아들었다. 이리하여 공개전도가 금지되었을 시기에도 전도사업은 개인 접촉과 가정방문으로 진행될 수 있었다(백낙준 1985, 170 - 171).

이러한 사랑방을 한국인과의 접촉점으로 삼고 전도 장소로 사용한 최초의 선교사는 언더우드였다. 모펫과 스앨런 선교사도 사랑방 전도방법을 통해 큰 성과를 얻었다. 이것은 토착 문화 속에서 전도방법을 개발해 성공적인 결실을 맺은 또 하나의 예가 된다(김성태 1994, 236 - 237).

## (2) 한국교회의 선교전략

다음은 선교 초기부터 1910년 한일합방까지의 한국 토착교회의 선교전략에 대하여 간략하게 소개한다.

### 가. 선교협력을 통한 선교

타 문화권 선교의 경험이 없고 완전한 조직교회의 모습을 갖추기 전의 피선교 교회인 한국교회가 외국 선교부와 선교협력을 통해 선교를 시작하였으며, 이는 매우 고무적인 일이다(243 - 244).

### 나. 종합적인 팀 사역

1907년대 부흥운동 후 장로교 선교국은 첫 노회에서 안수받은 7인의 목사 중 한 사람인 이기풍 선교사를 제주도에 파송하였다. 독노회가 설립되자마자 선교사를 파송한 것은 한국교회가 선교의 중요성을 일찍부터 깨닫고 있었다는 것을 보여 준다. 다음 해 평양 여전도회는 전도부인으로 이관선을 제주도에 파송하였고, 1909

년 숭실 대중학교 학생회에서는 전도인으로 김형재를 역시 제주도로 파송하였다(이영헌 1989, 120).

북감리교는 1907년에 국내 선교회를 조직하여 국내에 복음이 미치지 못하는 곳에 전도활동을 전개하였고, 3년 후에는 그 명칭을 '한국 감리교 내외 선교회'라 개칭하고 손정도 목사를 중국에 파송, 선교하게 하였다. 남감리교에서는 1908년에 북간도에 이주하는 한국인을 위하여 선교 사업을 시작하기로 하고 이화춘 전도사와 매서인 두 사람을 파송하였다(민경배 1980, 222 – 223).

이들은 팀을 이루어 갈등 없이 어려운 상황 속에서 성공적인 선교를 수행하였다. 한국교회 선교 현장에 파송교회가 다르고 기관이 다르더라도 목회자 선교사, 전도 부인, 전도인, 권서인들이 종합적인 팀 사역을 하므로 선교의 최대 효과를 도모하였다(김성태, 244 – 245).

다. 힘의 충돌(power encounter)을 통한 선교

제주도 선교사 이기풍 목사의 사역에는 귀신 들린 자를 기도로 자유롭게 하고 병든 자를 치유하는 성령의 역사가 강하게 일어났다. 제주도는 한국에서 가장 미신이 성행하고, 뱀을 숭배하고, 몽고군으로부터 전래된 티베트적 밀교인 불교의 영향력이 강하였다. 이곳에서 성령의 역사와 사탄의 세력 간의 힘이 충돌하는 현상이 많이 일어났고, 이는 복음을 전파하는 유효한 하나의 방법이 되었다(246 – 247).

## 2) 1910년부터 1945년까지의 기간

이 기간은 한일합방 때부터 한국이 일본의 압제에서 독립할 때까지의 기간이다.

### (1) 선교사들의 선교전략

역시 먼저 이 기간에 한국에서 활동한 선교사들의 선교전략을 다음과 같이 열거하고자 한다.

#### 가. 전도 목적의 부흥사경회

1914년 서울 선교 본부의 선교보고서에 의하면 전도단을 선교사, 한국 목사, 조사, 전도인 등으로 구성하여 낮에는 가가호호 방문, 노방전도, 전도지 배부를 실시하고 밤에는 성경공부를 중심으로 한 전도집회를 통하여 교회 성장에 큰 유익을 가져왔다고 한다. 1919년부터 한국명이 방위량인 블레어(W. N. Blair) 선교사가 중심이 된 한국교회 성장을 위한 진흥운동이 전국적 규모로 실시되었는데, 이 운동의 내용을 보면 1차 진흥운동 1년 기간은 각 교회적으로 기도로 준비하며 개인 전도에 힘쓰고, 2차 진흥운동 1년 기간은 사경회를 중심으로 부흥집회와 전도단을 통한 총력 전도에 힘쓰고, 3차 진흥운동 1년 기간은 양육과 훈련 측면에서 주일학교 교육을 강화하는 기간으로 삼았다고 한다(김성태 1994, 251 – 252).

## 나. 백만 명 구령운동

1909년 세 사람의 감리교 선교사들이 몇몇 한국인들과의 산기도 후, 그중 한 사람인 스토크스(M. B. Stokes) 목사가 5만 명 구령을 위한 기도를 부탁하게 되었다. 이것이 시초가 되어 초교파 복음주의 선교 공의회가 '백만 명의 영혼을 그리스도에게로'라는 표어를 공식으로 제정하였다. 이렇게 시작된 백만 명 구령운동은 전 교회적인 전도 운동이 되었으며 조직적인 전도방법이 제안되고 이것이 또한 전국적으로 실행되었다. 전자의 부흥사경회와 다른 점은 교회 성장 이론이나 한 나라 제자화 선교 운동처럼 구체적인 선교 목표를 설정했다는 점이다. 그 목표를 달성하기 위하여 마가복음 100만 권을 발간하여 그중 70만 권을 배부함은 물론 전 성도를 선교 동력화시켰다(252 – 253).

'백만 명의 영혼을 그리스도에게로'라는 표어는 대담한 것이었다. 당시에는 기독교 총 신도수가 학습교인들을 포함하여 불과 8천 명 정도였다. 선교사들은 교회생활을 하고 있는 신도가 약 20만 명이라고 추산하고 있었다. 그리고 재한 선교사 수는 총 200명 가량이었다. 1년 동안에 100만 명의 신도를 얻겠다는 것은 실정에 맞지 않는 지나친 생각이었고, 심령운동에 숫자적 목표를 정한다는 것도 신앙단체가 정할 수 있는 정상적인 결의는 못 되었다. 그러나 선교사들은 이 운동이 이 나라를 기독교화하기 위한 전국적 운동 개시의 심리적인 계기가 될 것이라고 믿었다(백낙준, 403).

결국 이 운동은 한국교회를 양적으로 성숙시켰으나 질적으로는 기대에 미치지 못하는 결과를 가져왔다. 일차적으로 전 교인을 동력화하는 것은 좋았으나, 이차적으로 전도의 은사가 있는 사람들을 특별 전도단으로 구성하여 조직적인 전도를 도모하는 것이 결여되었고, 양육과 계속적인 훈련에 적합한 교육 구조를 개발하는 데 실패하였기 때문으로 본다(김성태, 252 − 254).


### 다. 선교 연합을 통한 선교

1925년도에 만주 지역에 흩어진 한국인은 백만 명을 육박했으며 교회 수는 1,300여 개로서 그중 장로교 노회 수만도 6개였다. 만주 지역에 흩어진 한국인들을 복음화하기 위해서 북장로교 선교부는 1921년 만주 즙안현 통화 지역에 선교 기지를 설치하고, 북감리교 선교부는 1920년에 조선 연회 만주 지방회를 설립하였다. 남만주 지역은 평안도 지역에 있는 한국교회 노회들과 연합하여 북장로교 선교부가 관할하고, 동만주 즉 간도 지역은 함경도 내에 있는 한국교회 노회들과 캐나다 장로교 선교부가 관할하며, 북만주 지역은 북장로교 선교부의 선교 영역이었다. 이렇게 각 선교부는 조직교회로서의 한국교회와 연합하여 만주 지역에 있는 한국인들을 복음화하려 시도했을 뿐 아니라, 중국 선교에 대한 한국교회의 가능성을 인정하여 장차 중국 복음화를 위한 한국교회의 역할에 큰 기대를 가지고 있었다(254 − 255).


### 라. 개발 선교를 통한 선교전략

1920년대부터 선교부들은 농촌을 대상으로 한 개발 선교의 시급성과 중요성을 인식하기 시작했다. 북장로교 선교부는 농촌 문제 전문 선교사로서 루츠(D. N. Rutz)를 초빙하여 한국 농부들의 농사법 개선을 위하여 힘쓰게 하였으며 영농 지도자를 양성하는 데

에 힘썼다. YMCA도 1926년부터 농촌사업을 본격적으로 시작하였
다. 1930년도에 연합 공의회는 농촌부를 신설하고 농촌 지역 발전
을 위해 노력하였다. 이러한 선교부의 농촌 개발에 대한 관심은
한국교회에도 파급이 되어 각 교단 내에 농촌부가 신설되게 되었
다(255 – 256).


## (2) 한국교회의 선교전략

다음은 1910년 이후부터 해방까지 한국교회의 선교전략은 어떠
한 것이 있었는지 살펴보기로 한다.


### 가. 선교 연합과 협력

한국교회는 만주에 있는 한국인들에게 선교하기 위하여 외국에
서 온 선교부와 연합하여 공동의 팀을 구성하였고 이에 주도적인
역할을 감당하게 되었다. 로데스의 1930년도 전도비 비율에 대한
통계에 의하면 한국교회가 외국 선교부보다 12배 많이 지출하고
있다고 한다(261 – 262).

1913년 제2차 장로교 총회가 중국 산둥 성에 박태로, 사병순,
김영훈 목사를 선교사로 파송하기로 결의하였으며, 이들은 선교 현
지에서 독자적인 사역을 한 것이 아니라 북장로교 선교부와 유기
적인 선교 협력 관계를 유지하면서 중국 현지 화북 대회 산하 산
둥 장로회에 속해 선교 사역을 시작하였다. 한국 장로교회의 중국
산둥 성 선교는 신앙과 신학에 맥을 같이하며 이미 선교 현지에서
오랫동안 사역하고 있던 미국 북장로교 선교부의 적극적인 안내와

협력으로, 또한 현지 중국교회의 선교 사역 허락과 선교지 선정 지도 등을 통하여 이루어질 수 있었다(261 – 263). 다시 말해서, 한국 장로교회는 중국 장로교독회와 협의하여 내양현을 한국교회의 선교구역으로 배정받아 선교사들을 파송하였으며, 한국 선교사들은 현지에 부임하자 중국교회로 이명하였으며, 산둥노회 소속으로 교회 개척도 노회의 지교회로 개척하였다. 이것은 한국교회의 선교 방안이 현지 교회 우선 원칙을 지키는 연합을 중요시하였기 때문이다(김남식 2002, 217).

만주 지역에 감리교 선교가 재개되기 시작한 때는 1918년으로 배형식 목사가 미감리회 만주 지역 선교사로 파송되고서부터이다. 1923년에는 감리교 기도처를 포함한 교회 수가 만주 지역에 32개, 교인 수가 1,353명이 되었다. 이렇게 선교가 활력을 띠자 다른 선교부와 지역적인 중복이 있게 되었다. 그리하여 미감리회 측과 장로교 측은 1924년 1월 29일 봉천 장로교회에서 모여 '장감 전도 구역 확정위원회'를 열고 두 교파의 전도 구역을 확정하였다(김진형 1993, 110). 이는 외지 선교에서 불필요한 선교 자원의 중복과 낭비를 예방하기 위하여 장로교와 감리교가 서로 협력해서 사역지를 할당하고, 연합해서 선교 프로젝트를 수행하고 협력하기로 한 것이었다.

일본에서도 1909년 장교교회에서 파송된 한석진 목사가 전도인 박영일의 동역에 힘입어 1910년 교인 158명의 한국인교회로 성장시켜 동경 최초 한국인교회의 기초 작업을 감당하였다. 1912년 조직된 장로교 총회는 일본선교를 계속 수행하기로 재확인하였고, 감리교와의 연합적 선교 방안을 모색하였다. 1915년에 감리교에서 오기선 목사를 파송하고, 그 이후로 양교파가 3년마다 교대하여 선교사를 파송하기로 합의하여 교파교회가 아닌 연합교회의 독특한 형태를 이루어 갔다. 이러한 연합사역이 오늘날까지 재일대한기독교회가 교파교회가 아닌 연합교회로 유지되는 바탕을 제공하였다(김남식 2002, 219; 224).

### 나. 팀 사역을 통한 총체적인 선교 수행

한국교회의 선교는 목회자 선교사 외에도 장로, 전도 부인, 전도인, 권서인들도 선교사로 파송을 받아 팀 선교(Team Mission)를 감당하였다. 일본, 만주, 시베리아, 블라디보스토크, 그리고 산둥 성 선교에 이르기까지 모든 직분의 선교사가 서로 연합하여 선교 팀을 이루어 선교를 수행하였다. 특히 산둥 성에는 세 사람의 의료 전문직 선교사를 파송하여 현지 한국 선교사와 협력하게 하였고, 의료시설을 세워 현지인들을 그리스도의 사랑으로 돌보아 복음의 수용성을 높였다. 또한 교회만을 세우는 것이 아니라 외지의 동족을 위한 학교 등 교육기관을 설립하고 복지기관도 설립하여 동족의 정착을 도왔다(김성태, 264 – 265).

### 다. 노회 및 교회 내의 병행 선교기구의 다양성을 인정하는 총회 선교기구 중심적 선교

장로교회는 특히 중국선교를 수행함에 있어서 각 노회의 역할을 중요시하였으며, 각 노회들도 선교에 적극 동참하였다. 그러나 노회들은 총회 선교부의 선교 정책이나 행정 지침을 무시하지 않고 순종하였으며, 총회 선교부는 노회로 하여금 선교를 하는 데 어려움이 없도록 최선을 다해 도왔으며 신뢰를 받았다. 즉 한국교회는 선교에 있어서 지역교회의 연합체로서의 노회와 전체 교회를 대표하는 상임기구로서의 총회가 유기적으로 긴밀한 협력관계를 유지하였고 또한 선교 행정이나 정책 수립에 있어서 총회 선교부의 결의가 권위 있게 각 교회에 받아들여졌다. 선교사들도 후원교회가 다르다고 해서 서로 독자적으로 선교하는 것이 아니라 총회의 지침을 따라 사역하였다(265 - 267).

## 3) 1945년부터 현재까지의 기간

이제 끝으로 1945년 해방부터 현재까지의 한국에서의 외국 선교사들과 한국교회의 선교전략을 설명하려고 한다.

### (1) 선교사들의 선교전략

1945년 해방부터 지금까지의 한국에서의 외국 선교사들의 선교전략을 다음과 같이 요약할 수 있다.

### 가. 농어촌을 중심으로 한 총체적인 선교 사역

한국교회가 미처 감당하지 못하는 취약한 농어촌 지역을 선교사들이 개발 선교를 병행하는 총체적인 선교를 수행하였다. 1948년 대전에서 초교파적으로 주한 선교부들의 연합선교회의가 있었는데, 여기서 참석자들은 농어촌을 중심으로 개발 사역, 사회봉사를 통한 총체적인 선교를 수행하기로 결의하였다. 농어촌에 실질적으로 도움을 주는 농축산 지도자 훈련, 기술 훈련, 가정 위생, 공중 보건, 청소년 교육 등등의 봉사를 포함하는 것이며 실제로 교회가 없는 마을에 이러한 총체적인 선교를 통해 많은 교회를 세웠다는 보고가 있다(김성태, 270 – 271).

### 나. 피난민 및 전쟁 포로들을 대상으로 한 구호와 구제

한국전쟁 시 주한 선교부의 구호와 구제 측면의 선교는 한국교회 성장에 크게 기여하였다. 특히 주목할 것은 전쟁 포로들에 대한 사역이었다. 포로들에게 복음을 전했을 뿐만 아니라 성경학교를 세워 계속적인 양육과 지도자 훈련을 시켰다. 당시 전쟁 포로들을 위한 성경학교가 15개 운영되었으며, 성경학교 학생들 중 신학교 지원자가 642명이나 되었으며, 이 숫자는 한국전쟁에서 순교한 500여 목사들의 수보다 많았다(272).

### (2) 한국교회의 선교전략

한국교회는 한국전쟁 후 어려운 상황하에서도 타 문화권에 선교사를 파송하였다. 그러나 1970년대까지는 선교사들에 대한 지원이 원활하지 못하여 선교사들이 선교지에서 미국이나 캐나다로 이주하는 현상도 일어났다. 1970년대 이후 일부 대형 교회의 당회장들이 선교의 열정을 갖고 교단이 감당하지 못하는 선교에 앞장서게 되었다. 충현교회를 통해 파송된 선교사들은 충현 선교부의 정책에 따라 외지에 흩어져 있는 한국인들을 일차 대상으로 사역하고, 이차적으로 원주민 선교를 추진하였다. 김활영 선교사는 대구 동신교회에 의해 필리핀으로 파송되어 처음부터 원주민 선교 사역과 장로교회를 필리핀에 세우려고 하였다. 그리고 필리핀의 장로교 선교사들은 교파를 초월해서 1983년에 장로교 신학교를 설립하였고, 1987년 필리핀 장로교회 독노회를 세웠다. 그리고 또 하나는 한국 내에 '한국 국제 선교회', '베트남 선교회', 그리고 '오메가 선교회' 등의 초교파적이며 선교만 전담하는 기구가 발족되어 선교사 훈련을 시행하고 선교 행정과 정책에 큰 진전을 가져왔다는 것이다 (277 - 279).

1980년대 이후부터는 한국교회의 선교 지역은 세계적이 되었으며, 선교 사역도 다양화, 전문화가 되어 갔다. 개교회 중심의 선교가 교단 중심의 선교로 전환되어 갔으며, 이는 초창기 한국교회 선교 패턴에로의 복귀였다. 교단 선교부는 선교사 개인에게 치중하는 개교회 중심의 선교의 위험성을 인식하고 선교 행정을 일원화하여 선교 정책을 수립하고 선교 지역에 따른 전략의 다양성과 선교 전문화를 도모하게 되었다. 또한 국제적인 선교단체들(OMF, SIM, YWAM, OM, WEC, Interserve, AIM, Red Sea Mission, WBT 등)이 한국교회에 진출하여 전문화된 선교로 많은 도전을 주게 되었다. 국내적인 초교파 선교단체들도 많이 등장하여 효과적 선교활동을 하게 되었다(280 - 281).

한국교회의 선교지는 아시아 지역이 주축을 이루었으나, 이제는 아시아, 아프리카의 제3세계만이 아니라 미국, 서독, 호주 등 선진국에서부터 개방된 동구권까지 그 영역이 확장되고 있다(김남식 2002, 235). 그리고 80년대 이후 선교 사역의 특성 가운데 하나로서 선교지에서 현지인 지도자를 한국에 불러와서 신학교육과 선교

훈련을 시켜 선교사로 자국에 재파송하는 방법이 늘어나고 있다. 이러한 선교방법은 선교의 능률화를 위하여 앞으로 계속 늘어날 것으로 본다. 또한 평신도 선교사 운동도 일어나서 평신도들의 다양한 선교자원을 활용하게 된 것도 고무적인 일이다(김남식, 236).

1990년대에 들어서면서 외국인 근로자의 유입이 본격화되자 한국교회는 이들에 대한 선교의 기회를 포착하였다. 현재까지 외국인들의 수가 급격히 증가하면서 한국교회의 자국 내 외국인 선교가 전략적 중요성을 갖게 되었고 본서도 이에 대하여 일조하려고 하는 것이다. 한국교회의 외국인 근로자 선교전략에 대한 선행 연구와 이에 대한 역사적 흐름을 바로 다음 절과 제3장에서 살펴보게 될 것이다.


## 3. 자국 내 외국인 선교전략


한국에서 자국 내 외국인 선교전략에 대하여 연구한 문헌 중 아현재 캄보디아 장로교 신학교 총장인 전호진 박사와 전북대학교 설동훈 박사의 연구를 중심으로 고찰해 보고자 한다.

첫 번째로 전호진 박사는 한국의 외국인 근로자의 수가 10만을 상회한 1990년대 중반에 한국에서의 외국인 선교전략의 중요성을 인식하고 그의 저서 『아시아 기독교와 선교전략』에 「한국교회의 외국인 선교의 중요성과 전략」이라는 글을 통해 외국인 선교전략에 대하여 다음과 같이 요약하고 있다(1995, 111 - 112).

가. 교회에서 사역자와 공간을 배정하는 방법: 이 경우 물론 영어 등 어학 가능한 자가 필요하다.

나. 독립된 시설과 전담사역자를 파송하는 방법.

다. 독립된 시설과 파트타임 사역자(설교자)가 일하는 방법: 이 경우 공간시설은 항상 개방하여 봉사센터로서 역할을 한다.

라. 한국교회의 교회당에서 외국인 목사나 전도자가 사역을 책임지고 한국교회나 기관은 배후 지원하는 방법.

마. 일대일의 제자훈련.

바. 사랑의 봉사센터 운영, 상담, 방문, 의료봉사, 명절 특별행사 초대 등.


위의 방법들에 첨부하여 전호진 박사는 특별히 가장 많이 한국에 입국한 중국인들을 위한 선교전략을 추가적으로 다음과 같이 제안하고 있다(113 – 114).


가. 중국인만이 모이는 집회소의 설립을 통해 봉사와 만남과 상담, 그리고 진료의 기회가 제공되게 한다.

나. 교회는 가능한 공장과 근로자의 중간 역할을 잘 수행하는 것이 필요하다. 즉 인권문제로 과도하게 노사문제에 개입하지 않으면서도 조심스럽게 언어와 문화 등의 차이를 이해시키도록 한다. 통역의 제공도 방법이다.

다. 좋은 신자 청년들을 발굴하여 제자로 양육한다.

라. 조선족 청년들의 활용보다는 중국어를 아는 목사나 선교사로 하여금 전문사역을 하게 하고 교회는 선교 차원에서 지원한다.

마. 사랑의 봉사를 확대한다. 공휴일에는 오락 및 관광, 신앙 집
회 등을 실시한다.

바. 일대일의 전도를 실시한다. 단 중국어를 아는 자들의 동원이
요구된다.

사. 한글, 영어 등 교육 실시.

아. 문서전도.


이상의 선교전략들은 오늘날 한국교회와 선교단체가 시행하고
있는 전략의 대부분을 포함하고 있다. 두 번째로 설동훈 박사는
한국국제노동재단에서 2004년 8월부터 시행된 외국인 고용허가제
를 앞두고 실시한 '외국인 근로자 지원 실태 및 지원 서비스 수요
조사' 보고서에 교회와 선교단체를 포함한 외국인 노동자 지원단
체의 활동현황을 다음과 같이 보고하고 있다(2003, 55 – 65).


가. 조사에 응한 외국인 노동자 지원단체의 51.1%는 외국인 노
동자가 피해를 입었을 경우 그것을 구제받을 수 있는 방법을 무료
상담을 통해 알려 주는 역할을 한다.

나. 질문에 응답한 47개 단체 중 76.6%가 한국과 한국말 교육
프로그램을 마련하고 있다.

다. 지원단체들은 각국의 외국인 노동자 자체 조직을 만들어 자
주적으로 운영할 수 있도록 돕고 있다. 한국 내 외국인 노동자 지
원단체 중 61.7%는 외국인 노동자 공동체 활동을 지원하고 있다.

라. 외국인 노동자 지원단체 중 59.6%는 소풍, 캠프, 체육대회
등 각종 행사를 개최하고 지원한다.

마. 의료지원을 하는 곳도 있는데(53.2%), 대개 주말에 간이 진료소를 설치하여 무료 또는 염가 진료를 해 주는 방식을 취한다.

바. 외국인 노동자의 쉼터(피난처, 숙소)를 제공하는 곳도 53.2%가 된다.

사. 현행 제도하에서 외국인 노동자가 최대한의 권리를 확보할 수 있도록 '외국인력제도 개선을 위한 활동'을 전개하는 단체가 34.0%이다.

아. 지원단체들은 '이주 노동자 관련 연구 사업'(48.9%), '소식지, 출판물 제작'(29.8%) 등 연구와 언론활동을 전개하고 있다.


위의 조사는 2003년에 실시된 것으로서 조사 당시의 총 지원단체 수가 159개이며, 그중 기독교 단체가 109개, 천주교 단체가 12개였으므로 위의 전략들은 기독교 단체에서 주로 실행되는 것으로 추정할 수 있다.

다음으로 미국에서 자국 내 외국인 사역을 어떻게 하고 있는지에 대해 'Association of Christians Ministering among Internationals'(ACMI: 필자 역 '외국인들을 위한 기독교 사역 협회')의 인터넷 홈페이지를 통해 어느 정도 알 수 있다. 이 단체와 연결되어 있는 'Ethnic Harvest'의 홈페이지 자료에 James Duren과 Rod Wilson이 저술한 *The Stranger Who Is Among You*에 'How to Start a Cross-Cultural Ministry(교차문화 사역을 어떻게 시작할 것인가)'라는 제목의 글이 실려 있는데, 여기서 외국인 사역 방법에 대하여 아래와 같이 논의되고 있다(James Duren and Rod Wilson 1983).

## 가. 사실들을 관찰하고 전략을 수립하라

먼저 주위에 어떠한 외국인들이 얼마만큼 거주하고 있는지를 살핀다. 그들의 종교와 인생철학은 무엇인지, 기독교와 복음에 대하여 그들이 알고 있는지, 그들의 삶에 있어서 가장 중요한 것은 무엇인지, 그들에게 가장 필요한 것을 그들 스스로가 무엇이라고 생각하는지 등을 알아보아야 한다.

## 나. 접촉할 수 있는 주요한 한 사람을 위하여 기도하라

개인적인 관계가 세상의 여러 문화 가운데서 우정과 영향력에 열쇠가 된다. 섬기기를 원하는 사람들과 관계를 발전시키는 데에 도움을 줄 수 있는 주요한 한 사람을 하나님께서 인도해 주시도록 기도로 시작하는 것은 효과가 있다.

## 다. 필요를 채움으로써 다리를 놓아라

태스크 포스 팀이 성경적 원리와 철저한 현장조사에 근거하여 전략을 수립하는 동안에도 교회 성도들은 주변의 외국인 이웃들에게 사랑과 관심의 다리를 놓아 갈 수 있다. 사랑은 항상 문화적 실수가 있을지라도 다리를 놓는 방법을 발견하게 한다. 효과적인 전도 프로그램은 젊은이들에 대한 사역과 노인을 위한 사역, 그리고 구직에 대한 안내와 식사 제공, 법률상담과 숙소 문제, 탁아, 언어교육, 교통편의 제공 등에 이르기까지 다양한 요소들을 가질 수 있다. 여기서 중요한 것은 균형을 잘 이루는 것이다. 이러한 사회적 돌봄은 교회의 중심 사역은 아니며, 더구나 위험한 것은 우리가 쉽게 복음의 본질적인 성격은 영적인 것이 아니고 사회적인 것이라고 하는 것이다.

라. 창의적이면서 유연성을 가지라

성공적인 교차 문화 사역이 가질 수 있는 많은 종류의 사역방법들이 있다. '올바른' 하나밖에 없는 구조라는 것은 없다. 하나님께서는 다양함을 창조하셨다고 믿는다.

이상의 전략에서 발견할 수 있는 중요한 것은 외국인들을 이해하려고 하는 자세와 우정과 사랑의 관계를 가지도록 노력해야 한다는 것이다. 또한 창의적으로 다양한 사역들을 형편에 맞게 개발하는 것이 포함되어 있다. 이러한 중요한 요소들은 당연히 한국교회의 외국인 사역에도 적용되어야 할 것이다.

그리고 James Duren과 Rod Wilson은 이어서 'Cross - Cultural Activities for Churches(교회를 위한 교차문화 활동들)'이라는 제목으로 다음과 같이 소개하고 있다(1983, 인터넷).

가. 교회 주변의 외국인들에 의해 제공되는 프로그램에 참여한다.

나. 교회 안의 프로그램에 외국인 교회 또는 단체들을 초청한다.

다. 외국인 교회 또는 단체들과 식사교제를 나눈다.

라. 공동체 안에서 어떠한 육체적 사역 프로젝트를 진행하거나, 노인들, 또는 장애인들, 그리고 최근 이주해 온 가족들의 유익을 위해 이러한 사역 프로젝트를 진행한다.

마. 청년 그룹, 여성 그룹, 또는 남성 그룹 등을 위한 특별한 모임 또는 활동을 계획한다.

바. 소풍이나 관광을 계획한다.

사. 영화를 같이 본다.

아. 교회의 주일학교에 특별수업을 계획하고, 외국인 리더들을 강사로 초빙한다.

자. 외국인 교회들과 강단 교류를 한다.

차. 외국인 교회들과 교사 또는 사역자들을 교환한다.

카. 여름, 혹은 겨울 성경학교나 젊은이들을 위한 밤, 혹은 청년 활동 등을 같이 개최한다.

타. 편지, 녹음테이프 또는 CD, 혹은 사진들을 교환한다.

파. 운동경기를 같이 한다.

하. 한 이주 가족의 스폰서가 된다.

까. 영어 교실을 교회에서 제공한다.


이상의 여러 프로그램 역시 한국에서의 외국인 사역과 미국에서의 외국인 사역을 비교해 볼 때 많은 면에서 유사한 것을 발견할 수 있다. 즉 외국인들의 필요를 살펴서 그 필요를 채워 주며, 그러한 가운데 사랑의 교제를 나누고, 나아가 복음을 전하므로 궁극적인 영적 필요를 채워 주는 공통된 전략들을 가지고 있다.

Ⅲ

# 지교회의 자국 내 외국인 선교에 대한 성경 신학적, 역사적 고찰

본 장은 지교회의 자국 내 외국인 선교에 대한 성경 신학적, 역
사적 근거를 다룬다.


# 1. 지교회의 자국 내 외국인 선교의 성경적 근거


구약과 신약성경에서 하나님께서는 우리에게 선교에 대한 사명
을 분명하게 말씀하고 계신다. 여기서는 구약과 신약에서 특별히
이주해 온 외국인들에 대한 돌봄과 그들에게 하나님의 뜻과 복음
을 전파하라고 하는 하나님의 말씀을 찾아 지교회의 자국 내 외국
인 선교의 성경적 근거를 제시하고자 한다.


## 1) 구약에서의 근거


구약에서 타국인이 원할 경우 본국 이스라엘인들과 같이 할례를
받고 유월절을 지키도록 하나님께서 말씀하셨다. "너희와 함께 거
하는 타국인이 여호와의 유월절을 지키고자 하거든 그 모든 남자
는 할례를 받은 후에야 가까이하여 지킬지니 곧 그는 본토인과 같
이 될 것이나 할례받지 못한 자는 먹지 못할 것이니라(출 12:48)."

라고 함으로써 본토인이나 그들 중에 우거하는 이방인들에게 동일하게 법이 적용됨을 알려 주고 있다. 이 본문에 대한 칼빈의 주석에 의하면 아브라함의 자손만이 유월절을 지킬 수 있는 특권이 주어져 있는데, 애굽을 나올 시에 같이 따라온 타국인이나 이스라엘에 사업적인 일로 들어와 있는 타국인들이 할례를 받음으로써 똑같이 유월절을 지킬 수 있도록 하였다. 그리고 유월절이 성찬을 예표한다고 보기 때문에 신약시대에는 누구든지 교회 정회원이 된다면 성찬에 참석할 수 있다는 것을 보여 준다(칼빈 2005). 이는 구약시대의 선민의식이 팽배한 가운데서도 타국인들을 배척하는 것이 아니라 받아들이라고 하는 하나님의 말씀이다.

레위기 19장 33－34절에는 "타국인이 너희 땅에 우거하여 함께 있거든 너희는 그를 학대하지 말고 너희와 함께 있는 타국인을 너희 중에서 낳은 자같이 여기며 자기같이 사랑하라 너희도 애굽 땅에서 객이 되었더니라. 나는 너희 하나님 여호와니라."라고 되어 있다. 자국 내 외국인들을 자기 자식들처럼 여기고 자신을 사랑하듯이 사랑하라는 권면이다. 신명기 10장 19절에는 "너희는 나그네를 사랑하라. 전에 너희도 애굽 땅에서 나그네 되었었음이니라."라고 말씀한다. 출애굽기 23장 9절 등에도 비슷한 내용의 말씀을 하고 있다. 창세기 18장에서는 아브라함이 나그네를 잘 대접하므로 천사, 곧 하나님을 대접하는 영광을 갖게 되었고, 아들 이삭을 갖게 되리라는 축복을 받는다. 구약 전체적으로 나그네를 잘 대접하는 것이 큰 미덕임을 알려 준다. 고국을 떠나 낯선 곳에서 생활하는 외국인들이야말로 쓸쓸한 나그네들임에 틀림없다. 이들에게 따뜻한 사랑을 베푸는 것은 하나님께서 아주 기뻐하시는 일임이 분명하다.

아래의 민수기에서는 본토인이나 타국인이나 여호와께 화제를 드릴 때 동일하게 드리라고 말씀하고 있다. 칼빈의 주석에 의하면 모든 타국인을 지칭하는 것은 물론 아니며, 하나님께 돌아오는 것을 고백하고 교회에 받아들여진 사람들을 가리킨다(칼빈 2005).

무릇 본토 소생이 여호와께 향기로운 화제를 드릴 때에는 이 법대로 할 것이요 너희 중에 우거하는 타국인이나 너희 중에 대대로 있는 자가 누구든지 여호와께 향기로운 화제를 드릴 때에는 너희 하는 대로 그도 그리할 것이라. 회중 곧 너희나 우거하는 타국인이나 한 율례니 너희의 대대로 영원한 율례라 너희의 어떠한 대로 타국인도 여호와 앞에 그러하리라. 너희나 너희 중에 우거하는 타국인이나 한 법도, 한 규례니라(민 15:13 – 16).

신명기 31장 12절에는 "곧 백성의 남녀와 유치와 네 성안에 우거하는 타국인을 모으고 그들로 듣고 배우고 네 하나님 여호와를 경외하며 이 율법의 모든 말씀을 지켜 행하게 하고"라고 말씀하고 있다. 여기서 '네 성안에 우거하는 타국인'은 바로 오늘날 우리 근처에 이주해 온 외국인들과 같다. 하나님께서는 이들을 모아서 말씀을 가르쳐 지켜 행하게 하고, 하나님 여호와를 경외하도록 하라고 말씀하고 계신다. 이는 구약에서 보여 주는 자국 내 외국인들에게 선교하라는 하나님의 메시지이다.

그리고 룻기 2장 8절 이하를 보면 보아스는 나오미의 며느리인 이방 여인 룻에게 다음과 같이 호의를 베푼다.

보아스가 룻에게 이르되 내 딸아 들으라. 이삭을 주우러 다른 밭으로 가지 말며 여기서 떠나지 말고 나의 소녀들과 함께 있으라. 그들의 베는 밭을 보고 그들을 따르라. 내가 그 소년들에게 명하여 너를 건드리지 말라

하였느니라. 목이 마르거든 그릇에 가서 소년들의 길어 온 것을 마실지니
라. 룻이 땅에 엎드려 절하며 그에게 이르되 나는 이방 여인이어늘 당신이
어찌하여 내게 은혜를 베푸시며 나를 돌아보시나이까(룻 2:8 - 10).

룻은 결국 보아스의 아내가 되며 예수 그리스도의 족보에 오르
게 된다. 이방인도 하나님의 백성이 될 수 있다는 것을 증명함은
물론, 이주해 온 외국인들을 그리스도의 사랑으로 돌보아 주는 것
이 얼마나 아름다운 일인가를 보여 주고 있다.

그리고 우리는 요나서에서 이방에 대한 하나님의 사랑을 또한
깨닫는다. 데이비드 J. 보쉬는 요나서의 강조점이 니느웨의 회심에
있는 것이 아니고, 이스라엘로 하여금 하나님의 사랑을 보고 그
사랑을 따라 그들 자신의 편협한 태도를 변화시키라는 소명이 그
요점이라고 한다. 즉 경계선을 초월한 사랑, 하나님의 사랑에 대하
여 강조하며, 요나와 이스라엘이 하나님의 총애와 사랑을 자기들에
게만 독점적으로 분배되는 것으로 착각하는 오류를 지적한 것이라
는 것이다(1991, 69). 이러한 하나님의 사랑을 근거로 지교회는 자
기 교인들 혹은 자국 민족에게만 관심을 기울일 것이 아니라, 주
변에 이주해 온 외국인들에 대해서 똑같이 하나님의 사랑을 나눌
수 있어야 한다.


## 2) 신약에서의 근거

예수님께서 마태복음 25장에서 '양과 염소의 비유'를 말씀하실
때 "내가 주릴 때에 너희가 먹을 것을 주었고 목마를 때에 마시게

하였고 나그네 되었을 때에 영접하였고 벗었을 때에 옷을 입혔고 병들었을 때에 돌아보았고 옥에 갇혔을 때에 와서 보았느니라(35 - 36절).”라고 하시면서 우리가 나그네를 돌아보는 것이 곧 예수님을 섬기는 것과 같다고 하셨다. 디모데전서 3장 2절에는 감독의 자격을 말하면서 다음과 같이 나그네를 대접하는 일을 중요한 덕목으로 꼽고 있다. “그러므로 감독은 책망할 것이 없으며 한 아내의 남편이 되며 절제하며 근신하며 아담하며 나그네를 대접하며 가르치기를 잘하며.” 나그네로 와 있는 교회 주변의 외국인들을 잘 돌보는 것을 지교회의 아주 중요한 일로 목회자와 성도들은 받아들여야 한다.

사도행전 10장에서 베드로는 하나님께서 보여 주신 환상과 성령의 인도로 이방인 백부장 고넬료의 집에 찾아가서 복음을 전하였다. 베드로는 설교 초두에 “내가 참으로 하나님은 사람의 외모를 취하지 아니하시고 각 나라 중 하나님을 경외하며 의를 행하는 사람은 하나님이 받으시는 줄 깨달았도다(행 10: 34b - 35).”라고 말한다. 백부장 고넬료의 사건은 교회가 주변에 있는 외국인들에게 어떻게 다가가야 할 것인가에 대한 지침을 주기에 충분하다.

예수님은 사회에서 버림받은 자들에게 가서 그들에게 사랑의 메시지를 선포함으로써 유대 가치관에 도전을 하였다. 예수님은 가난한 자들, 눈먼 자들, 절름발이, 나병환자, 굶주린 자들, 통곡하는 자들, 병든 자들, 보잘것없는 자들, 과부들, 갇힌 자들, 가장 밑바닥에 있는 자들, 종교적 의무를 다하느라고 지치고 피곤한 자들, 잃어버린 양들을 사랑으로 찾아가 돌보셨다. 여기에는 이방인들도 포함되어 있으며, 유대 사회에서 변두리에 몰린 자들이었다. 예수님은 유대인 아닌 자들의 집을 드나드셨다. 예수님의 선한 사마리아인의 비유는 유대 민족적인 독선과 혈통의 자부심을 폭로하기에 충분하였다(보쉬 1991, 70). 자국 내 외국인들은 바로 이렇게 예수님께서 관심을 기울이시고, 사랑을 베푸셨던 약한 자들과 다름이 없다.

끝으로 자국 내 외국인 선교 역시 선교의 범주 안에 들어가기 때문에 예수 그리스도의 선교에 대한 지상명령은 지교회의 자국 내 외국인 선교에 대한 확실한 신약성경의 근거이다. "그러므로 너희는 가서 모든 족속으로 제자를 삼아 아버지와 아들과 성령의 이름으로 세례를 주고"(마 28:19)에서 모든 족속을 제자 삼는 사명을 우리는 받았다. 지교회가 해외로 선교사를 파송해서 이 사명을 감당해야 함은 물론 주변에 찾아온 모든 족속에게 복음을 전해야 하는 사명을 받은 사실에 대해서는 의문의 여지가 없다.


## 2. 지교회의 자국 내 외국인 선교의 신학적 토대


지교회의 자국 내 외국인 선교 역시 일반 선교의 한 특수 형태에 불과하다. 반 리이넨은 일반 선교의 신학적 토대를 선교의 원천, 선교의 메시지, 선교의 능력, 선교의 구현, 그리고 선교의 목표의 순서로 잘 정리하여 설명하고 있다(1996, 13 – 35). 이러한 일반 선교의 신학적 토대는 또한 자국 내 외국인 선교의 신학적 토대와 다를 바 없다. 자국 내 외국인 선교의 원천은 어디에서 오며, 그 선교의 메시지와 능력은 무엇이며, 선교를 누가 구현해 가며, 그리고 그 목표가 무엇인가에 대하여 순서대로 살펴보고자 한다.

## 1) 자국 내 외국인 선교의 원천: 하나님

선교의 원천이 사람에게서 나오지 않고 하나님에게서 나온다. 마찬가지로 자국 내 외국인 선교의 원천 역시 보내시고 구원하시는 하나님이시다. 아담과 하와가 에덴동산에서 사탄의 유혹에 빠져 죄를 범하였을 때 하나님께서 그들을 찾아오셔서 "네가 어디에 있느냐?"(창 3:9)고 부르셨다. 이렇게 찾아오셔서 부르시는 하나님은 온 세대를 통해 자신과 타락한 인간과의 화해를 위해 계속 부르시고 찾아오신다. 이 하나님의 찾아오심과 부르심의 최고점은 하나님의 성육신이며, 성육신하신 예수 그리스도의 십자가이다. 하나님은 죽음 속에 빠진 인류에게 예수 그리스도를 통하여 생명수를 주시는 원천이시다. 즉 하나님은 선교의 원천이시다(Van Rheenen 1996, 14).

이러한 하나님의 백성들의 구원을 위한 하나님의 선교는 하나님의 속성인 사랑에 기초하고 있다. 요한복음 3장 16절에서 "하나님이 세상을 이처럼 사랑하사 독생자를 주셨으니 이는 저를 믿는 자마다 멸망치 않고 영생을 얻게 하려 하심이니라."고 하였다. 하나님의 무조건적이고 무한한 사랑으로 말미암아 자신을 배반한 인간을 찾아오시고 대신 피 흘리시어 화목제물이 되신 것이다. 그러므로 사랑의 하나님이 일반 선교는 물론 자국 내 외국인 선교의 원천이시다.

George W. Peters는 선교의 원천인 하나님의 사랑을 다음과 같이 설명한다(1972, 60).

가. 사랑은 밖으로 향하는 역동적인 관계이다. "하나님이 세상을 이처럼 사랑하사"에서와 같이 하나님께서 그의 사랑을 우리에게 확증하셨다. 바울은 "이제 내가 육체 가운데 사는 것은 나를 사랑하사 나를 위하여 자기 몸을 버리신 하나님의 아들을 믿는 믿음 안에서 사는 것이라."(갈 2:20)라고 함으로써 하나님을 '나를 사랑하신' 분으로 묘사하고 있다.

나. 사랑은 희생적이고 능동적인 관계이다. "하나님이 세상을 이처럼 사랑하사 독생자를 주셨으니."(요 3:16)와 "우리가 아직 죄인 되었을 때에 그리스도께서 우리를 위하여 죽으심으로 하나님께서 우리에 대한 자기의 사랑을 확증하셨느니라."(롬 5:8)는 말씀이 이를 확증한다.

다. 사랑은 포괄적인 관계이다. "하나님이 세상을 이처럼 사랑하사"와 "하나님이 그 아들을 세상에 보내신 것은 세상을 심판하려 하심이 아니요 저로 말미암아 세상이 구원을 받게 하려 하심이라."(요 3:17)는 말씀을 통해서 이를 나타내 준다.

라. 사랑은 복합적인 다방면의 관계이다. 그것은 그 대상의 성격, 상황, 그리고 필요에 따라 나타난다.


이와 같이 선교의 원천은 사랑의 하나님이시되, 하나님의 선교는 사람을 통해서 이루어진다(Van Rheenen 1996, 15). 그래서 하나님은 선교를 위해 사람을 부르신다. 성경에서 대부분 부름을 받은 사람들은 자신들의 부족함을 내세워 자신들이 하나님의 일을 감당할 수 없다고 한다. 모세, 이사야, 예레미야 등이 그러했다. 이들은 하나님의 선교를 자신들의 선교로 생각했기 때문이다. 그러나 하나님의 선교는 하나님께서 하시는 것이기 때문에 부족한 사람들도 하나님에 의해 크게 쓰임을 받을 수 있었다. 자국 내 외국인 선교는 하나님의 선교의 일부이다. 선교사나 자원봉사자나 지교회가 이 선교를 감당할지라도 이의 원천이 될 수 없고 하나님이 원천이시다.

## 2) 자국 내 외국인 선교의 메시지: 그리스도

그리스도의 선교의 메시지는 하나님의 나라를 전파하는 것이었다. 그리고 그리스도는 스스로 바로 그 선교의 메시지가 되셨다. 자국 내 외국인 선교의 메시지 역시 그리스도의 사역을 따라 하나님의 나라를 전파하는 것이며, 선교의 메시지 그 자체이신 그리스도를 전파하는 것이다.

예수 그리스도는 복음을 전파하기 시작하시면서, "때가 찼고 하나님 나라가 가까웠으니 회개하고 복음을 믿으라."(막 1:15)고 하셨다. 예수 그리스도께서 이 땅에 오시므로 그리스도께서 다스리시는 하나님의 나라가 임하였다는 것이다. 이 하나님의 나라는 복음 전파를 통해 하나님의 백성을 불러 모으므로 확장되어 마지막 날에 완성되고 하나님 아버지께 바쳐질 것이다(고전 15:24).

누가복음 9장 2절에 예수 그리스도께서 열두 제자들을 보내실 때, "하나님의 나라를 전파하며 앓는 자를 고치게 하려고 내어 보내시며"라고 말씀하고 있다. 여기서 복음 전파는 곧 하나님의 나라 전파이며, 하나님의 나라 전파의 핵심은 그 나라의 왕이시며 하나님의 백성의 대속물로 오신 예수 그리스도이시다. 왕이시지만 인간의 몸으로 종의 형체를 가지시고 이 땅에 오셔서 십자가에서 대속의 피를 흘리심으로 자기 백성들이 죄를 사함 받고 하나님의 백성의 반열로 회복되게 하신 것이다.

예수 그리스도는 하나님 자신이시며, 때가 차매 인간의 몸을 입고 이 땅에 성육신하여 오셨다(갈 4:4). 아들은 아버지와 함께 신성 그 자체와 아울러 모든 능력과 영광을 동일하게 소유하고 계신다. 그러나 그는 하나님과 동등함을 취할 것으로 여기지 아니하시고 오히려 자기를 비어 종의 형체를 가져 사람들과 같이 되었고 사람의 모양으로 나타나셨다(빌 2:6 – 8). 그리고 자기를 낮추시고 죽기까지 복종하셨으니 곧 십자가에서 우리 죄를 짊어지시고 성경대로 죽으셨다. 그리고 사흘 만에 성경대로 다시 살아나셔서 하나님 보좌우편에 앉아 계시며, 세상을 다스리시고, 마지막 날에 세상을 심판하시기 위하여 다시 오실 것이다. 이러한 예수님의 인격과 사역이 우리의 구원이며, 외국인 선교를 포함한 선교의 메시지이다.

## 3) 자국 내 외국인 선교의 능력: 성령

사도행전 1장 8절에서 "오직 성령이 너희에게 임하시면 너희가 권능을 받고 예루살렘과 온 유대와 사마리아와 땅 끝까지 이르러 내 증인이 되리라."라고 예수 그리스도께서 말씀하신 것처럼 성령은 자국 내 외국인 선교의 능력이시다. 전도와 선교는 성령의 능력에 의해서만 열매를 맺을 수 있다. 인간의 지혜나 언변이나 기술 등으로는 영적으로 죽어 있는 영혼들을 일으킬 수 없다. 생명은 오직 하나님으로부터 나오기 때문이다.

성령도 역시 하나님 그 자신이시다. 성령의 능력으로만 사람을 변화시킬 수 있을 뿐만 아니라, 선교 그 자체를 성령께서 주관하신다. 사도행전은 성령행전이라고 불릴 정도로 하나님의 선교는 성령께서 주관하시고 역사하시고 열매 맺게 하신다는 것을 여실히 보여 주고 있다(Van Rheenen 1996, 27). 성령은 전도자 빌립을 인도해서 에티오피아의 내시를 주님의 품으로 오게 하였고(행 6:26 - 40), 베드로는 성령의 인도로 백부장 고넬료 가정을 주께로 인도하였다(행 10:1 - 48). 성령께서는 바울과 바나바를 선교사로 세우셨고, 아시아와 비두니아에 대하여 복음의 문이 닫히게 하시고 마게도냐에 복음의 문이 열리게 하셨다(행 16:6 - 10).

성령의 인도와 능력을 전적으로 의지한 바울은 고린도전서 2장 4절과 5절에서 "내 말과 내 전도함이 지혜의 권하는 말로 하지 아니하고 다만 성령의 나타남과 능력으로 하여 너희 믿음이 사람의 지혜에 있지 아니하고 다만 하나님의 능력에 있게 하려 하였노라." 라고 증거하고 있다.

성령의 검은 하나님의 말씀이다(엡 6:17). 성령은 하나님의 말씀을 통하여 역사한다. 전도자들이 하나님의 말씀을 전할 때 성령께서 역사하셔서서 생명을 살리신다. 성령은 하나님 아버지께서 계획하시고 예수 그리스도께서 이루어 놓으신 구원을 우리에게 적용하신다. 우리의 구원은 삼위일체 하나님의 공동사역이다. 성령은 선교의 메시지, 곧 예수 그리스도의 인격과 사역이 중심인 하나님의 말씀을 전파할 때 우리의 마음을 열고 눈을 뜨게 하여 하나님 아버지께서 예비하신 새 생명을 얻게 한다.

## 4) 자국 내 외국인 선교의 구현: 교회

　교회는 그리스도께서 세우신 하나님의 기관이다. 하나님의 아들 그리스도께서 성령을 보내시어 하나님의 백성을 부르시고 그리스도의 몸이 되게 하시고 이 땅에서 그리스도의 사명을 다하게 하셨다. 신약교회에 있어서 하나님의 선교는 그리스도를 통하여 시작되고 그리스도의 제자들을 통하여 계속된다.2) 요한복음 17장 18절에 "아버지께서 나를 세상에 보내신 것같이 나도 저희를 세상에 보내었고"라고 하시면서 그리스도께서 이 땅에 아버지 하나님의 보내심을 받고 오신 것처럼 제자들 곧 교회를 이 땅에 보내신다는 기도를 그리스도께서 하고 계신다. 또한 부활 후에도 예수 그리스도는 제자들에게 "아버지께서 나를 보내신 것같이 나도 너희를 보내노라."(요 20:21b)라고 하셨다. 다시 말해서 그리스도와 제자들은 선교의 원천이신 하나님에 의해 보냄을 받은 대사들이다. 교회는 하나님에 의해 부름을 받은 사람들을 세상에 보냄으로써 이 보냄을 재생산한다.

　그러므로 해외선교의 구현은 세계 각처의 지역교회를 통해 이루어지며, 자국 내 외국인 선교 역시 지교회가 중심이 되어야 한다. 선교단체들을 통해서도 이의 구현이 이루어지지만 이러한 단체들을 뒷받침하고 있는 것은 역시 지교회들이다. 본서의 앞부분의 용어 정의에서 교회를 "하나님 언약의 백성의 선교주도적 예배공동

---

2) 구약교회에 있어서도 하나님의 선교는 하나님의 백성이며 교회인 이스라엘을 통하여 이루어졌다. 이스라엘과 언약하신 하나님은 그들을 하나님의 세상 가운데 "제사장 나라와 거룩한 백성"(출 19:6)으로 삼으시고 하나님의 뜻을 중재하도록 하셨다. 그리고 이스라엘을 "이방의 빛"(사 42:6; 43:9)으로 부르셔서 하나님의 뜻을 전파하는 사명을 주셨다(Van Rheenen 1996, 29).

체"(김은수 2007, 18)라고 정의하였다. 교회에 주어진 첫째 임무가 하나님을 예배하는 것이라고 할 때, 이 예배를 우리뿐만 아니라 이웃과 자국 내 외국인들과 세계 모든 족속이 드릴 수 있도록 하는 선교 사명 완수가 교회의 중심사역인 것이다.

## 5) 자국 내 외국인 선교의 표적: 세상

그리스도의 메시지를 세상에 전달하기 위하여 사역자들은 그 표적이 되는 세상을 이해해야 한다. 하나님께서 "세상을 이처럼 사랑하사 독생자를 주셨으니"(요 3:16)라고 하신 말씀에서 '세상'은 하나님께서 창조하신 온 세상을 의미한다기보다 그 세상 가운데 있는 인류를 의미한다고 보아야 한다. 존 칼빈도 그의 주석에서 세상을 인류로 해석하고 있다(2005, 인터넷 주석). 하나님의 형상으로 창조된 인류는 죄로 인해 멸망의 길에 빠지게 되었다. 인류의 죄로 인해 온 세상이 암흑 속에서 방향을 잃었다. 그리스도는 이 세상에 빛으로 오시고 생명으로 오셨다. 죄에 빠진 인류의 구원의 길은 오직 예수 그리스도를 영접하고 믿는 길밖에 없다(행 4:12).

세상은 그리스도의 말씀처럼 목자 없는 양과 같이 고생하며 유리하고 있다(마 9:36). 죄로 인해 평안을 갖지 못하고 하나님과의 관계가 단절되어 사망의 어두운 그늘에서 유리방황하고 있다. 그리고 세상은 항상 변하고 있다. 하나님의 변하지 않는 영원한 생명의 복음을 이 사망의 골짜기에서 갈 길을 알지 못하는 사람들에게 어떻게 전할 것인가가 과제이다. 불신자들이 들을 수 있도록 하기 위해 그들의 사고와 사상들을 이해하고 다가가야 한다.

바울은 복음을 전할 대상을 이해하고 그들과의 접촉점을 얻기 위해 아래와 같이 행하였다고 성경은 전한다.

> 내가 모든 사람에게 자유하였으나 스스로 모든 사람에게 종이 된 것은 더 많은 사람을 얻고자 함이라 유대인들에게는 내가 유대인과 같이 된 것은 유대인들을 얻고자 함이요 율법 아래 있는 자들에게는 내가 율법 아래 있지 아니하나 율법 아래 있는 자같이 된 것은 율법 아래 있는 자들을 얻고자 함이요 율법 없는 자에게는 내가 하나님께는 율법 없는 자가 아니요 도리어 그리스도의 율법 아래 있는 자나 율법 없는 자와 같이 된 것은 율법 없는 자들을 얻고자 함이라 약한 자들에게는 내가 약한 자와 같이 된 것은 약한 자들을 얻고자 함이요 여러 사람에게 내가 여러 모양이 된 것은 아무쪼록 몇몇 사람들을 구원코자 함이니 내가 복음을 위하여 모든 것을 행함은 복음에 참예하고자 함이라(고전 9:19 - 23).

특히 본국을 떠나와 나그네로 있는 외국인들은 언어의 문제, 문화적 갈등, 의료문제, 법률문제 등 어려움에 처해 있다. 이들에게 복음을 전하기 위해서는 그들의 문제들을 이해하고 함께 고민할 필요가 있다. 그리고 자국 거주민들은 외국인들의 여러 가지 문화의 차이를 이해함과 동시에 문화적 우월감을 버리고 그들의 문화를 존중하는 자세를 가질 때 서로의 대화가 소통되고 복음이 거부감 없이 전달될 수 있을 것이다.

# 3. 자국 내 외국인 선교의 역사적 고찰

여기서는 미국교회와 한국교회의 현대사에서 자국 내 외국인 선교가 어떻게 시행되어 왔는가에 대하여 고찰해 보고자 한다.

## 1) 미국의 자국 내 외국인 선교

2006년 미국 Census Bureau에 의하면 전체 약 2억 2,900만 인구 중 12.5%인 약 3천 800만이 미국 외 타국에서 태어난 사람들이다. 그리고 전체 인구 중 히스패닉이 14.8%를 차지하고, 아시안이 4.4%, 그리고 기타 종족이 6.3%이다(인터넷 http://factfinder.census.gov). 이러한 미국 내 외국인 비율은 통계에 의하면 점차 증가하는 추세에 있다(2000년에는 타국에서 태어난 인구가 11.1%임). 따라서 미국교회의 자국 내 외국인 선교의 중요성이 점점 증가하고 있는 것을 알 수 있다. 그리고 미국의 국제교육연구소(Institute of International Education, 약칭 IIE)가 발표한 보고서를 보면 2006 – 2007학년도 미국 대학들에 등록한 외국인 학생 수가 58만 2,984명에 달한 것으로 나타났다. 이들 학생들은 대부분 고국으로 돌아가 정치, 경제, 사회, 문화 등의 분야에서 지도자 역할을 할 일꾼들이다. 이 학생들에 대한 미국교회의 섬김 역시 아주 중요한 선교 사역이 될 수밖에 없으며, 역시 유학생 수가 점점 증가하고 있기 때문에 그 사역의 중요성도 점점 증가하고 있다.

역사적으로 미국 내 외국인 선교를 살펴보기 위해 자료를 조사했으나 정리된 자료를 발견하기가 어려웠다. 따라서 실제 사역을 하고 있는 교회들과 외국인 선교 협회의 운영 등을 통해서 어떻게 미국 내 외국인 선교가 진행되어 왔는가를 살펴보고, 또 미국교회사에서 작은 부분을 차지하고 있는 Ethnic Church를 통해 제한적이나마 알아보고자 한다.

우선 본서의 중점적 연구 대상인 브라이어우드 장로교회는 1979년부터 캄보디아 난민들을 섬기기 시작하면서 자국 내 외국인 선교의 첫발을 내디뎠다. 이들을 중심으로 주일학교와 ESL(English as a Second Language) 클래스를 운영해 왔으며, 여기에 한국인들과 일본인들, 그리고 다른 민족들이 함께 참석하게 되어 다민족 대상 사역이 되었다. 그 후 일본 선교사이면서 브라이어우드교회 아시아 담당 선교 목사였던 김은수 선교사(현 RTS 한국어 목회학 박사과정 디렉터이면서 선교학 교수)가 1994년 한국어 예배를 브라이어우드교회 내에 설립하게 되었고, 다음 해 1995년에 역시 김은수 선교사에 의해 일본어 예배가 브라이어우드 내에 설립되었다. 그리고 5년 후에 히스패닉 예배도 브라이어우드 내에 설립되면서 브라이어우드교회 안에는 3개의 모국어 공동체가 형성되어 활발한 외국인 선교를 펼칠 수 있게 되었다. 브라이어우드교회의 사역에 대한 것은 제5장에서 자세하게 고찰하고자 한다.

필자가 1년 6개월 동안 거주하였던 미시시피 주 잭슨에도 몇몇 교회들이 외국인 사역을 잘하고 있다. 그중 First Baptist Church(FBC)는 브라이어우드교회와 비슷하게 약 32년 전에 이 사역을 시작했다고 한다. FBC에는 현재 중국어 예배가 있으며, 외국인 주일학교와 ESL 등을 중심으로 사역을 활발히 진행하고 있다. 외국인 사역의 디렉터인 Jim Marshall도 자원봉사자이며, 모든 교사들이 자원봉사를 하고 있다. 중국어 예배공동체는 RTS M.Div. 과정을 졸업한 유급 중국인 목사가 담당하고 있다. 필자는 First Presbyterian Church(FPC)에 출석하면서 주일예배 후 FBC의 외국인 주일학교에 참석하였다. 이 주일학교는 처음에 전체가 모여 찬송하고, 기도제목을 나눈다. 그리고 기초반, 중급반, 고급반의 3반으로 영어 실력 정도에 따라 분반하여 성경공부를 한다. 목요일 오전에 이 교회의 외국인 사역 팀은 외국인들을 대상으로 역시 ESL을 운영하고 있다. 그리고 FBC의 외국인 복지사역으로 운영하는 'Mission First'라는 병원이 있는데, 이 병원은 자원 봉사하는 의사들이 교대로 와서 진료하며 지역의 가난한 사람들과 외국인들을 거의 무료로 치료해 주고 있다.

First Presbyterian Church(FPC)의 외국인 사역은 1996년 David Bradford와 Corinne Bradford 부부에 의해 시작되었다고 한다. 주일에 외국인 주일학교를 열기도 하였지만 현재는 중단되었고 주로 목요일 저녁에 외국인들을 위한 ESL을 통해서 외국인들을 섬기고 있다. 필자도 목요일 ESL에 약 1년간 참석을 하면서 교제를 하였는데, FPC의 ESL 프로그램은 매우 효과적으로 운영되고 있다는 느낌이었다. 40여 명의 미국인 자원봉사자들이 나와서 외국인들을 1:1로 가르친다. 목요일 저녁 7시경에 모여서 20분 정도 다과를 나누고, 약 10분간 생활영어에 대하여 주제별로 자원봉사자 한 명이 나와서 자료를 나눠 주고 설명한다. 그리고 1:1로 흩어져서 각 팀에 맞게 공부를 한다. 약 40분간 공부를 한 후 다시 모여서 약

10분 정도 역시 자원봉사자가 성경이야기를 들려준다. 전체 시간은 약 1시간 30분 정도이다. 그리고 FPC 외국인 사역 팀은 외국인들을 초청해서 잭슨 주변의 명소로 1년에 2회 정도 소풍을 간다. 필자가 디렉터인 Stephen M. Edwards를 통해 확인한 바로는 지금까지 약 12년 정도 사역을 해 오는 동안에 20여 명의 외국인이 그리스도를 영접하였다고 한다.

그리고 미국의 외국인 사역에서 놓쳐서는 안 되는 중요한 것은 바로 ACMI(Association of Christians Ministering among Internationals)이다. 이 협회는 1981년에 설립되었으며, 북미주의 유학생을 위한 캠퍼스 사역, 교회의 외국인 사역, 교단의 외국인 사역, 그리고 선교단체들의 사역 등을 네트워크화한 것이다. ACMI는 1년에 1회 개최하는 Conference를 통하여 50여 개의 워크숍을 열고 외국인 선교를 위한 다양한 정보들을 교환한다. 2008년에는 ACMI Annual Conference가 5월 29일부터 31일까지 버지니아 주 Vienna에서 개최되었으며 필자도 지나는 길에 잠깐 참석하여 견학을 하였다. ACMI에 대한 정보는 인터넷 홈페이지(www.acmi-net.net)를 통해 알 수 있다.

미국교회와 선교단체 그리고 협회 등의 외국인 선교 사역 외에도 미국 내 한인교회와 같이 Ethnic Church(민족교회)를 이민 온 민족들이 자생적으로 설립하여 자기 민족들을 복음화하는 일에 앞장서고 있다. 한인들은 1900년대 초 하와이의 사탕수수 농장으로 일자리를 찾아 건너오기 시작해서 현재 전 미국에 약 4,000여 한인교회를 설립하였다. 한인교회는 특히 미국 서부 해안 지역과 미 북부의 대도시들에 많이 세워졌다. 히스패닉들은 로마 가톨릭교회를 많이 세웠지만, 오순절 운동의 영향으로 기독교 오순절파 히스패닉교회가 북미에서 급격히 증가되었다. 그리고 다른 민족교회들도 많이 세워졌다. 한인교회를 비롯해서 이들 Ethnic Church의 최근의 과제는 자라나는 젊은 세대들(1.5 또는 2세대)에게 어떻게 민족문화와 미국문화 사이에서 조화롭게 신앙을 가르칠 것인가이다 (Noll 2002, 175 – 176).

Ethnic Church 설립 사역의 대표적인 사례로, 필자가 ACMI의 네트워크 중 한 단체인 Ethnic Harvest의 홈페이지에서 확인한 자료에 의하면, 인도 출신 Chris Thomas 박사의 사역을 들 수 있다. 1988년 상관 문화 사역을 시작한 Thomas 박사는 미국에 온 외국인 난민과 체류자들을 섬기는 12개의 Ethnic Church를 설립하였다고 한다. 그는 외국인들의 법률적 문제, 의료문제를 돌봄과 아울러 여러 가지 상담 활동 등을 하면서 외국인들을 섬겼다고 한다. Thomas 박사는 "Ethnic Church Planter(민족교회 설립자)는 의사이며, 법률가이며, 충고자이며, 그리고 상담가, 즉 만능인간(Total human Being)이 되어야 한다."고 말하였다. 그리고 그는 "신뢰는 미국에서 영어를 말하지 못하는 어느 누구에게든지 가장 어려운 문제이므로 우리는 외국인들이 우리 도시 지역으로 많이 오면 올수록 그만큼 신뢰를 쌓아야 한다."라고 하여 신뢰를 강조하였다 (Kruger 1994, 1 – 2).

## 2) 한국의 자국 내 외국인 선교의 역사적 고찰

한국교회가 외국인 근로자들을 지원하고 그들에게 선교활동을 시작한 것은 1990년대에 들어서면서 부터이다. 한국교회는 외국인들이 한국의 3D 업종에 일하기 위해 유입되자마자 그들에게 다가가기 시작했다. 1990년에 경기도 성남의 재한외국인선교교회(지인식 목사)가 인근의 외국인들을 대상으로 예배를 드리기 시작했고, 1991년에는 성남의 주민교회(이해학 목사)와 마석의 성공회 성생원 교회(이정호 신부)에서 외국인 예배를 시작하였다. 그리고 1992년 5월부터 필리핀 출신 천주교 사제들이 매주일 오후 서울 자양동 성당에서 타갈로그(Tagalog) 미사(mass)를 올리기 시작하면서 수백 명의 필리핀 근로자들이 매 주일 모이는 것이 언론에 소개되었다 (설동훈 2003, 21).

이어서 언론을 통해 외국인 근로자 인권 침해 사례가 알려지기 시작했고, 이들에 대해 관심을 갖고 이들을 돕기 위한 시민운동단체가 발족되었다. 최초의 단체는 1992년 5월에 결성된 '외국인 노동자 인권을 위한 모임'이다. 이 단체는 자양동 성당에서 체불임금 해결, 산업재해 보상, 폭행사례 해결 등의 기초적 인권침해 사례에 대한 상담 지원 활동을 하기 시작했다(2003, 21).

1992년 7월에는 '희년선교회'(대표: 이만열, 간사: 강명규)가 발족하여 외국인 근로자들에 대한 상담과 의료지원 활동 및 쉼터 제공 서비스를 하기 시작하였다. 이 선교회는 또한 소식지 ≪희년의 소식≫도 발간하였으며, 한국어 교실을 개교하였으며, 외국인 자녀들을 위한 희년 어린이집을 설립하였고, 의료공제회를 만들어 의료

보험 혜택이 없는 외국인 근로자들이 가입하여 의료 혜택을 입도록 하였다. 이어서 1992년 8월에는 명동성당 내에 '천주교 서울대교구 외국인 노동자 상담소'가 설립되었다. 이 지원단체 역시 임금체불, 산업재해, 폭행피해 등 노동상담과 출입국 관련 문제에 대한 상담 활동을 하는 한편, 외국인 근로자 상호간의 부조를 위한 자치제 결성을 지원하였다. 1992년 11월 27일, 전국적인 조직망을 갖춘 '한국기독교교회협의회'는 '한국교회 외국인 노동자 선교위원회'를 설립하고, 사무실을 서울 구로동 갈릴리교회에 두게 되었다. '갈릴리교회 외국인 노동자 상담소'(인명진 목사)에서는 의료지원팀을 구성하여 주일 오후마다 교회에서 외국인 근로자들을 대상으로 무료진료를 실시하였고 상담 활동도 병행하였다. '갈릴리교회 외국인 노동자 상담소'는 외국인 근로자 무료진료를 최초로 시행한 단체이다. 그리고 거의 같은 시기 1992년 11월에 역시 구로동에서 '외국인 노동자 피난처'(대표: 김재오)가 설립되었는데, 이 단체는 최초로 외국인 근로자들을 위한 쉼터(shelter)를 제공하였다. 그 후로 거의 모든 외국인 근로자 상담소는 쉼터를 병설하게 된다(2003, 22 – 23).

교회의 외국인 근로자 지원활동에 자극받은 기존 일반 노동상담소에서도 외국인들을 대상으로 상담 활동을 개시하였으며, 그들의 인권실태 조사 작업을 벌이기도 하였다. 그리고 1993년 초부터 외국인 근로자 상담소 형태의 지원단체들이 서울과 수도권으로부터 설립되기 시작하여 전국으로 확대되었다. 외국인 근로자 지원단체가 가장 많이 설립된 때는 한국 내 기업들이 중소기업협동조합중앙회를 통해 외국인 산업기술연수생을 해외에서 한국으로 입국시켜 고용함에 따라 외국인 근로자 수가 급증한 1994–1997년이다. 한국 정부의 의도는 산업기술연수생으로 불법 체류 외국인 근로자를 대체하려는 것이었으나, 기대와 달리 미등록 불법 체류 외국인 근로자 수는 더 증가하였고, 외국인 근로자 인권문제가 사회의 쟁점으로 대두되게 되었다. 이렇게 외국인 근로자 문제가 사회적 문제화되면서 1996–1997년에는 부산, 대구, 광주, 창원 등 지방 주요 거점 도시에서 외국인 근로자 지원활동이 본격적으로 시작되었다(2003, 23).

2003년에 조사한 박천응(2003, 34)의 '외국인 노동자 지원단체의 성격'에 의하면 159개의 외국인 근로자 지원단체 중에 62.2%가 기독교 단체이며, 7.5%가 천주교 단체로서 종교기관 혹은 종교적 색채를 강하게 띤 단체들이다. 따라서 1990년대 초기부터 기독교와 천주교 단체들이 활발한 외국인 사역을 펼쳐 왔다.

천주교에서는 '천주교 서울대교구 외국인 노동자 상담소'(1992년)에 이어, 안양 '전·진·상 복지관'의 이금연 관장이 1993년 1월 외국인 근로자 대상의 상담 활동을 시작하였다. 이어 '대구 가톨릭 근로자회관'(1993년), '인천 가톨릭 외국인 노동자 상담소'(1993년), 시흥 '시화 일꾼의 집'(1993년), '부산 가톨릭 노동상담소'(1994년), 수원 '천주교 수원교구 외국인노동사목 엠마우스'(1995년), '구미 가톨릭 근로자센터'(1996년), 안산 '천주교 외국인 노동자 사목센터 갈릴래아'(1997년), '창원 가톨릭 사회교육회관 외국인 노동자센터'(2000년), 의정부 '이주 노동자상담소'(2000년), 익산 '가톨릭노동상담소'(2000년), 서울 '가리봉 이주 노동자의 집'(2003년)이 차례로 설립되었다. 천주교의 중앙집권식 정치제도와 달리 외국인 근로자 활동은 각 지역 교구 노동사목회 관할하에

개별적으로 운영되고 있다(설동훈 2003, 23).

기독교에서는 '한국기독교교회협의회'의 '한국교회 외국인 노동자 선교위원회'를 발전시켜 1993년 9월에 초교파 기독교 단체인 '한국교회 외국인 노동자 선교협의회'를 결성하였다. 이 협의회는 기독교 지역교회들이 외국인 근로자 문제에 관여하기 시작하는 데 큰 영향을 주었다. 1994년부터 외국인 산업연수제도가 확대되면서, 외국인 근로자 수가 급격히 증가되기 시작했고, 외국인 근로자 인권문제가 매우 심각해지기 시작했다. 따라서 수도권은 물론 지방 각 거점 도시에서 외국인 근로자 상담소가 속속 생겨나기 시작했는데, 그중 많은 곳은 순수한 교회 차원에서 운영되었고, 또한 교회에서 독립하여 운영의 자율성을 가진 단체도 많았다(24).

1994년 4월에 '성남 외국인 노동자의 집'(소장: 김해성 목사)이 개소되었는데, 이 단체는 후에 '외국인 노동자의 집·중국 동포의 집'으로 명칭을 바꾸었으며, 성남사무소 이외에 2000년 1월 서울 사무소, 2002년 7월 경기도 안산 사무소, 2002년 10월 경기도 광주 사무소, 2003년 3월 경기도 양주 사무소 등 4개의 사무소를 추가로 개소하였다. 또한 이 단체는 최근 서울 구로에 서울 한신교회의 도움으로 외국인 근로자 병원을 개설하여 저렴한 진료비로, 혹은 무료로 외국인 근로자들을 돌보고 있다. 김해성 목사처럼 도시노동자 및 빈민운동에 종사해 왔던 박천응 목사도 1994년 10월에 '안산외국인 노동자센터'를 설립하였다. 이들은 외국인 근로자의 인권, 노동권 보장을 위한 사회운동을 표방하였다. 1995년에는 외국인 여성 노동자를 대상으로 한 '한국교회 여성연합회 외국인 여성노동자상담소'(대표: 김윤옥)가 문을 열었다(25).

같은 해 1995년 '암미선교회'가 김영애 선교사에 의해 경기도 남양주에 설립되었다. 암미선교회는 1995년 12월 24일 김영애 선교사의 인도로 경기도 남양주시 진접읍 소재의 외국인 5명이 성탄예배를 드린 것을 그 시작으로 한다. 당시 김 선교사는 ACTS(아세아연합신학대학원)에서 선교학을 전공한 후 미국 애틀랜타에 소재하고 있는 모 교회의 초청을 받아 선교의 목적으로 도미할 계획이었다. 그런데 우연히 서울 구로동에서 필리핀인 노엘을 만나게 되고 그가 한국에 와서 줄곧 건강 문제, 임금체불 문제 등으로 전전긍긍하는 것을 목격하며 그에게 깊은 관심을 갖게 된다. 그러던 중 노엘이 남양주시 진접읍 진벌리 소재의 한 공장으로 일자리를 옮긴 후 더 이상 교회에 나타나지 않자, 1995년 12월 초 위로차 그를 방문하러 그의 공장을 찾아 나선다. 그러나 당시 노엘을 방문한 김 선교사는 또 다른 깊은 고민에 빠지게 된다. 그것은 인근 공장지대에 많은 외국인 근로자들이 일을 하고 있었으나 아무 교회도 그들을 돌보지 않고 있는 사실을 알게 되었기 때문이다. 그러나 당시 김 선교사가 할 수 있었던 일이라면 노엘과 그 주위 외국인들을 모아 잠정적으로 성경공부를 인도하는 것뿐이었다. 그러나 하나님의 섭리는 오묘해서 주말마다 이들을 만나는 일이 계속되었고, 어디서 알고 스스로 찾아오는 외국인들도 점차 많아질 무렵 이듬해 1996년 3월 18일 이 선교를 지켜본 몇몇 교회 목사들(두란노, 푸른초장, 장현제일, 평내교회)이 모임을 갖고 후원 조직으로 암미선교회를 발족하기에 이른다. 이 선교회는 초교파 선교단체로서 현재 전임 사역자 2명, 파트타임 사역자 2명, 그룹 리더 및 상담원 3명, 간사 1명 등 총 8명의 사역자가 페루인, 스리랑카인,

필리핀인, 방글라데시인, 인도인, 몽고인 등을 섬기며, 자체 교회당 건물도 건축하여 명실상부한 다국적 교회로 성장하였다(인터넷 암미선교회 홈페이지 http://ammi.or.kr/).

한국교회에서 선교에 두각을 나타내고 있는 온누리교회(담임: 하용조 목사)는 '온누리 미션'이라는 조직을 교회 안에 두고 외국인 사역을 해 오고 있는데, 이 '온누리 미션'은 1994년 11월경, 노방전도, 심방전도로 알게 된 외국인 근로자들의 공장 및 숙소로 찾아가 일대일 제자훈련을 함으로써 시작되었다. 처음 외국인 근로자들을 위한 쉼터(shelter)의 필요성을 느끼게 되어 군포에 쉘터를 갖추고 전도를 하던 중, 미얀마인 뚬제우 목사를 만나게 되었고 니니 사모와 더불어 95년 1월부터 군포쉘터(96년 3월 구로동으로 이전)를 관리함과 아울러 미얀마인들을 불러 모아 예배 드림으로 시작되었다. 다음은 '온누리 미션'의 홈페이지에 소개한 초기부터 현재까지의 기간별 사역의 특징이다(인터넷 http://www.cgntv.net/vi/onnurimission.htm).

## 1기: 초기, 긍휼사역기(94 – 96년)

쉘터 중심의 긍휼사역으로 진행하면서 일대일 등 제자훈련을 실시하고 담당 장로와 쉘터 상주간사 등이 주축이 되어서 전체 사역을 진행하는 형태.

## 2기: 긍휼사역에서 예배로(96 – 98년)

나라별 예배가 세워짐에 따라서 주일예배를 중심으로 하는 모임의 성격을 띠며, 각 예배 담당 집사들, 자원봉사자들과 사역간사들을 중심으로 운영.

3기: 예배에서 제자양육 및 선교의 방향으로(98 – 현재)

초창기에 함께 예배를 형성했던 형제들이 본국으로 귀국하여 온누리교회 2천 선교사로 허입되어 활동하고 있으며, BEE(Biblical Education by Extension)를[3] 통한 제자양육훈련 및 일대일과 양육교육이 지속적으로 이루어짐. 목사, 간사, 팀장, 총무, 담당 장로, 그리고 예배 담당 집사들을 중심으로 한 운영.

'온누리 미션'에서는 현재 미얀마어, 네팔어, 우르드어, 몽고어, 이란어, 러시아어 예배를 따로 드리고 있으며, 한글학교 운영, 쉼터 운영, 제자 양육 등 다양한 사역을 활발하게 펼치고 있다.

한편, 1996년에 '서울외국인노동자센터'(소장: 최의팔)가 설립되었으며, 성공회 서울교구 남양주교회에서 외국인 근로자 목회를 하던 이정호 신부는 1997년 6월 '샬롬의 집'을 설립하였다. 남양주교회의 이전 이름은 성생원교회로서 1991년부터 경기도 마석 성생공단에서 일하는 필리핀 근로자들을 위한 미사를 집행해 왔다. 그리고 1997년에 지방 기독교 지원단체로서 '경남외국인노동자상담소'(대표: 이철승)와 '광주외국인노동자센터'(대표: 이철우)가 설립되었다. 이어 1998년도에 '한국교회 외국인 노동자 선교협의회' 초대 총무를 지냈던 유해근 목사가 구의동에 '서울 외국인 근로자선교교회'를 설립하였다(설동훈 2003, 25).

외국인 근로자 지원 기독교 단체 중에는 한 민족만을 보살피는 단체도 생겨났다. 1996년 6월에는 '서울조선족교회'(서경석 목사)가 설립되어 한방진료, 이발봉사, 임금체불 상담, 국적 확인, 영화

---

3) 선교지의 현지인 지도자를 양육하며, 국내외 평신도 지도자를 양성하기 위한 체계적인 성경공부 프로그램.

감상, 직장알선 및 자녀의 한국방문 프로그램 등 재중동포를 돕기 위한 다양한 프로그램을 제공하고 있다. 경기도 일산에는 '게르방교회'(함덕신 목사, 1997년)가 몽고인을 위해, 대구에서 '대구서부교회'(김우석 목사, 1998년)는 베트남인만을 위해 설립되어 예배와 함께 봉사를 해 오고 있다(상게서).

지역교회가 한 민족에 중점을 주고 사역하는 경우도 생기게 되었는데, 수원제일교회(이규왕 목사)는 1999년에 중국인 예배를 개설하고 1부는 중국인 근로자들 중심으로 2부는 중국인 유학생을 중심으로 예배를 드리고 있으며 출석 인원은 100여 명 정도이다. 그리고 언어 문제로 어려움을 겪는 중국인들의 한국 정착을 위해 여러 가지 봉사를 하고 있으며, 무료 치과진료, 무료 이발 등의 복지와 임금체불 문제 해결을 돕고 있다. 송탄의 '남부전원교회'(박춘근 목사)는 1995년에 '디아스포라 선교회'를 설립하였는데, 국내에 거주하는 필리핀 및 동남아 이주 노동자와 본국의 남은 가족, 귀국한 지체들을 대상으로 선교 사역을 담당하고 있으며, 경제적 이유로 장기간 가족들과 떨어져 지내는 이들에게 그리스도 안에서 진정한 공동체를 제공하고자 노력하고 있다. '다른 사람을 제자로 삼는 그리스도의 제자를 양육하는 것'을 비전으로 복음전도와 사회봉사활동을 병행하고 있는 이 선교회는 구체적으로 주일예배와 쉼터를 중심으로 제자훈련, 교육과 상담, 의료봉사 등을 진행하고 있다. 특히 스스로 자립하는 이민 교회로 성장하는 것을 돕기 위해 필리핀 자치회와 한국 스태프가 수평적으로 협력하는 팀 사역을 지향하고 있다. 매 주일예배 출석 인원은 50여 명 정도이다. 또 남부전원교회는 중국선교회인 '원씬즈찌아'(따뜻한 향기가 나는 집)

를 2001년 10월 설립하였는데, 매주일 100여 명이 함께 예배 드리고(등록 중국인 수 2,300여 명), 30여 명이 일꾼으로 훈련을 받고 있을 정도로 활발하게 사역을 펼치고 있다. 중국인 근로자들이 고국에 가지 못하는 형편을 고려해 선교회를 섬기는 평신도 스태프들이 근로자들의 삶과 인터뷰를 비디오에 담아 그들의 고국 부모 형제들을 찾아가 비디오로 보여 주는 등 간접적인 만남을 주선하고, 또 올 때에는 그곳 부모 형제들을 인터뷰해서 선교회의 중국 근로자들에게 보여 주어 매우 큰 호응을 받고 있다. 그리고 중국에 대한 이해 증진과 실제적인 전도의 필요에 의해 교회와 지역민을 대상으로 중국어반을 운용하고 있기도 하다(인터넷 남부전원교회 홈페이지 http://www.nambooch.or.kr/). 이상의 두 지교회의 경우는 예에 불과하며, 한국의 지교회들이 자국 내 외국인 근로자들을 대상으로 하는 선교 사역에 관심을 가지고 점점 그 영역을 확대해 가고 있는 것을 감지할 수 있다.

Ⅳ

# 한국 내 외국인 선교에 대한 문제 분석과 평가

본 장은 지교회의 자국 내 외국인 선교전략에 대한 문제점을 분석 평가하고 과제를 파악하기 위하여 선행 연구 조사 방법과 설문지 조사 방법, 그리고 필자의 지난 6년간의 외국인 선교 사역 활동에 대한 케이스 스터디를 활용하게 될 것이다.


## 1. 한국 내 외국인 선교의 문제에 대한 선행 연구

한국국제노동재단에서 2004년 8월부터 한국에 시행된 외국인 고용허가제를 앞두고 실시한 '외국인 노동자 실태 및 지원 서비스 수요 조사'를 중심으로 한국 내 외국인 지원단체의 현황과 문제점들을 살펴본다. 본 조사연구의 수행과 보고서 집필에는 당시 전북대학교 사회학과 설동훈 교수가 맡았다. 이 조사 보고서에는 외국인 근로자 지원단체의 설립 추이와 운영방식 및 활동가의 노동조건, 만족도 등과 지원단체를 찾는 외국인 근로자의 수와 그들이 한국에서 겪는 고충의 내용, 그리고 외국인 근로자 지원단체가 행하고 있는 주요 활동 현황을 다루고 있다.

## 1) 외국인 근로자 지원단체의 설립 추이와 운영방식

여기서는 먼저 지원단체의 설립 추이와 운영방식을 알아보기로 한다.

### (1) 설립 추이

설동훈 교수는 1990년부터 시작되어 2003년까지 설립된 외국인 근로자 지원단체의 수는 대체로 외국인 근로자의 증감 패턴과 일치한다고 보고하고 있다. 1998년 IMF 사태가 발발하여 외국인 근로자들이 본국으로 많이 돌아간 때에는 지원단체의 증가가 대폭 감소하였는데, 1999년 이후 경기가 호전되면서 외국인 근로자의 수가 늘어나고 지원단체의 설립도 다시 활발해졌다는 것이다. 2000년도에는 11개의 단체가 설립되기도 하였다. 그러나 2001년 이후에는 지원단체들이 신설되는 것보다 기존 단체의 규모가 증대되는 방향으로 추세가 바뀌고 있다(2003, 27).

설동훈 교수에 의해 조사된 155개의 지원단체의 소재지의 분포는 경기, 서울, 인천의 수도권이 107개(69.0%)로 대부분을 차지하고 있고, 나머지 50여 지원단체가 지방에 골고루 분포되어 있다. 이것은 외국인 근로자도 수도권에 대부분 거주하고 있고, 나머지는 전국적으로 골고루 거주하고 있다는 것을 나타내 주는 하나의 지표이기도 하다(상게서).

지원단체의 성격에 대한 분석은 박천웅이 역시 2003년에 조사한 결과를 설동훈 교수가 그의 조사 보고서 24페이지에서 인용하고 있으며(박천응 2003, 34), 조사 결과 도표는 아래와 같다. 본 도표는 물론, 앞으로 제시되는 선행 조사연구에 대한 도표들은 필자가 나름대로 재구성한 것이다.

[표 1] 외국인 근로자 지원단체의 성격

|  | 단체 수(개) | 비율(%) |
|---|---|---|
| 시민운동단체 | 8 | 5.0 |
| 노동운동단체 | 3 | 1.9 |
| 종교단체 | 137 | 86.2 |
| 예수교장로회(합동) | 38 | 23.9 |
| 예수교장로회(통합) | 36 | 22.6 |
| 기독교장로회 | 11 | 6.9 |
| 감리교 | 9 | 5.7 |
| 침례교 | 1 | 0.6 |
| 성결교 | 1 | 0.6 |
| 성공회 | 3 | 1.9 |
| 천주교 | 12 | 7.5 |
| 불교 | 4 | 2.5 |
| 이슬람 | 7 | 4.4 |
| 기타 종교 | 15 | 9.4 |
| 의료봉사단체 | 8 | 5.0 |
| 법률서비스단체 | 3 | 1.9 |
| 계 | **159** | **100** |

위 도표에서 시사하는 바대로 전체 159개 단체 중 종교단체에 소속된 단체는 137개로 전체의 86.2%를 차지하고 있고, 이 중 기독교에 소속된 단체는 총 99개로서 전체의 62.3%를 차지하고 있다. 이것은 기독교가 다른 종교나 일반인들보다 더 외국인 지원활동에 관심을 기울이고 있다는 증거이다.

(2) 운영 방식

    외국인 근로자 지원단체의 인적 구성은 대표자, 상근 실무자, 비
상근 실무자, 자원봉사자, 후원회원, 고문 및 기타로 되어 있으며,
설동훈 교수의 설문지 조사에 응답한 49개 단체의 인적 구성은 아
래의 [그림 1]과 같다(2003, 28 - 29).

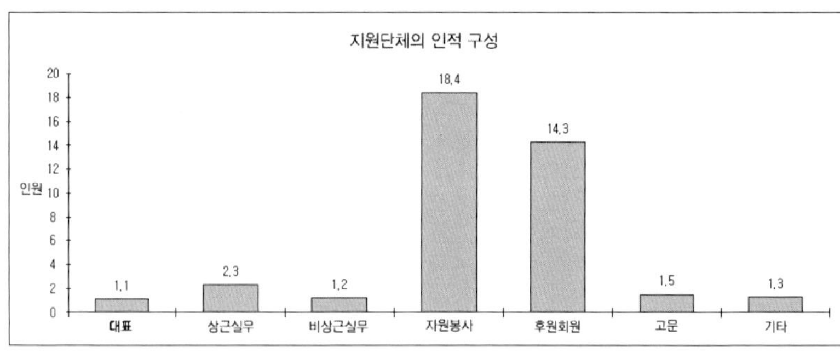


[그림 1] 지원 단체의 인적 구성그림

    위의 인적 구성을 좀 더 자세히 설명하면 다음과 같다.

(1) 대표는 평균 1.1명이며(몇몇 단체는 복수 공동대표), 대표 중
    여성의 비율은 13.5%이다.
(2) 상근 실무자는 단체별로 2.3명꼴로 있는데, 57.9%가 여성이
    다. 따라서 지원단체의 상근 인력은 대표와 상근 실무자를
    합한 3.4명 정도라 할 수 있다.
(3) 비상근 실무자는 단체별로 평균 1.2명이고, 그중 여성의 비
    율은 54.2%이다. 그리고 자원봉사자는 단체별로 평균 18.4명

94

이며, 그중 여성의 비율은 53.8%이다. 따라서 대표를 제외한 상근 실무자, 비상근 실무자 그리고 자원봉사자는 여성이 반수를 넘는다.

(4) 단체별 후원 회원 수는 평균 14.3명, 고문은 평균 1.5명, 기타 인력이 평균 1.3명 정도이다.

다음으로 지원단체의 수입과 지출 내역을 보면, 이 단체들의 한 해 평균 수입이 7,030만 원 정도이고 평균 지출은 9,051만 원 정도이다. 한 해에 적자가 2,021만 원인 셈이다. 운영에 재정적인 어려움을 많이 겪고 있는 것으로 나타났다. 수입원은 모조직의 지원금이 33.5%, 후원회비가 28.5%, 프로젝트에서 20.1%, 정부와 지방자치단체의 지원이 8.6%로 이들이 주류를 이루고 있다. 지출은 행사비 40.7%, 인건비 31.1%, 경상운영비 13.9%, 사업비 7.4%의 비율로 주로 지출하고 있다(29).

## 2) 지원단체 활동가의 노동조건과 만족도

지원단체 활동가의 노동시간과 급여를 살펴보면 시간에 비해 급여가 형편없이 낮은 수준이다. 이들은 1주일에 평균 41시간 정도 일하고 월평균 53만 원 정도의 급여를 받는 것으로 조사되었다. 일주일에 쉬는 날은 평균 1일 정도이다. 열악한 노동조건임에 틀림없다. 그리고 사회보험 가입 혜택도 활동가들은 거의 받지 못하고 있다(설동훈 2003, 32 – 33).

그런데 활동가들의 업무 만족도는 비교적 높은 편이다. 활동가들 자신들이 평가한 자신의 업무에 대해서 '일에 투입한 노력'이 많다고 답했고(65.8점), '정신적 노동의 비중'이 높으며(63.5점), '일한 성과에 대한 만족'도 대체로 높다(62.6점). 이는 이들이 일을 통해 보람을 느끼고 있다는 증거이다(34 – 35). 이는 지원단체의 80% 이상이 종교단체이기 때문이기도 하지만, 그렇지 않은 경우에도 어려운 이웃을 돕는 선한 일로 인하여 생겨나는 것이라 추정된다.

## 3) 외국인 근로자의 고충 조사

외국인 근로자들의 고충 조사에서 '매우 심각하다'를 100점으로 했을 때 장시간 노동(58.6점), 저임금(58.1점), 빠른 작업속도(56.2점) 등에서 고충이 심한 것으로 나타났다. 그러나 열악한 작업환경(50.9점), 임금체불(48.3점), 직업병(47.1점), 산업재해(46.5점), 사업장에서의 조롱과 욕설(44.4점), 한국인 근로자와의 갈등(42.7점), 여권 압류(35.7점), 폭행(34.0점) 등은 상대적으로 고충이 낮은 것처럼 보이지만 이는 전체 근로자의 문제라기보다는 피해를 당한 사람에게 국한되기 때문이라고 본다(설동훈 2003, 49 – 50). 이상의 직장 고충 정도를 도표화하면 다음과 같다.

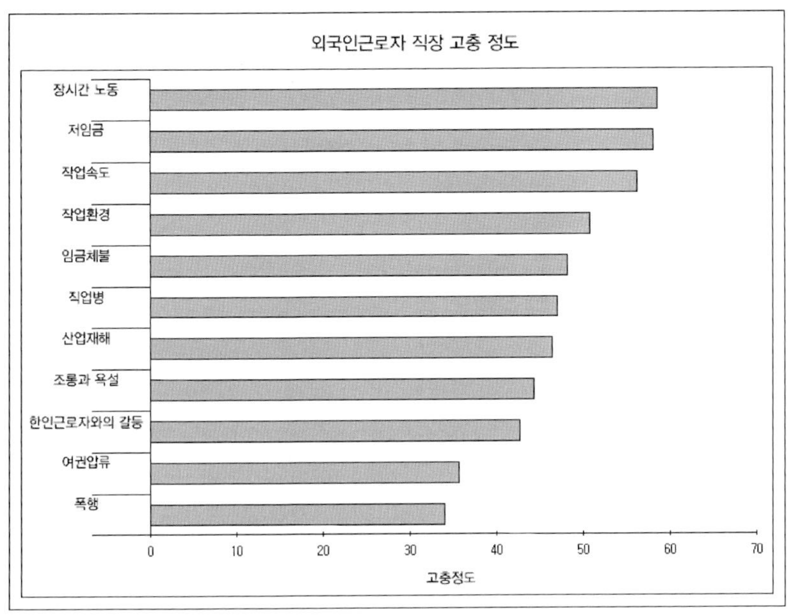


[그림 2] 외국인 근로자 직장 고충 정도

외국인 근로자들이 일상생활에서 겪게 되는 고충들에 대한 설문 조사에서 외국인들은 언어(의사소통)문제(55.3점), 문화적 차이로 인한 갈등(53.3점), 건강문제(52.9점), 금전문제(51.0점), 브로커에 의한 착취(47.2점)의 순서로 고충을 겪고 있다고 대답했다(2003, 51). 이를 그림으로 표시하면 다음 [그림 3]과 같다.

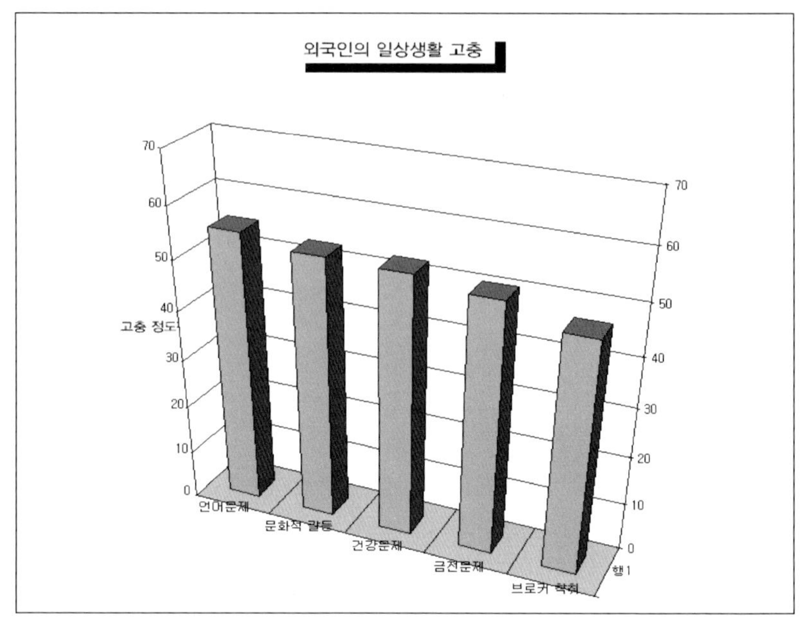


[그림 3] 외국인의 일상생활 고충

이러한 일상생활의 고충은 필자가 미국에 머물면서 실제 외국인이 되어 생활하면서 느꼈던 고충과 유사하다. 브로커 착취와 같은 문제는 없지만 언어문제, 문화적 갈등, 건강문제 등은 미국에 있는 한국인이나 한국에 있는 외국인들이나 같은 것을 깨달을 수 있다.

## 4) 외국인 근로자 지원단체의 주요 활동 현황

설동훈 교수가 조사한 외국인 근로자 지원단체의 주요 활동은 크게 다음의 9가지로 되어 있다(55 – 66).

첫째, 외국인이 피해를 입었을 경우 그것을 구제받을 수 있는 방법을 무료상담을 통해 알려 주는 역할을 한다. 조사에 응한 단체의 51.1%가 상담 활동을 하고 있다. 즉 지원단체의 절반은 임금체불, 산업재해, 출입국 관련 문제, 폭행, 의료 등 각종 고충상담을 받아 문제를 해결하려고 노력한다는 것이다.

둘째, 질문에 응답한 47개 단체 중 76.6%가 한글, 한국말 교육 프로그램을 운영한다고 한다. 이 프로그램에 참석하고 있는 근로자들은 '상당히 잘 운영'(81.3점)하는 것으로 평가하고 있으며, 활동가들의 자체 평가 점수는 '보통 이상으로 잘하는'(68.2점) 것으로 나타났다.

셋째, 지원단체의 61.7%는 각국의 외국인 근로자 자체 조직을 만들어 자주적으로 운영할 수 있도록 돕는다. 출신국별 공동체 지원에 대한 평가에서 근로자들은 '꽤 잘하는'(83.8점) 것으로 평가하였고, 활동가 자체 평가 점수는 59.8점으로 '보통보다 조금 잘하는' 것으로 나왔다.

넷째, 국내 외국인 지원단체의 56.6%는 소풍, 캠프, 체육대회 등 각종 행사를 개최하고 지원하고 있다. 이 프로그램에 대한 평가에서 활동가들의 점수는 70.4점으로 다른 활동들보다 더 높다. 근로자들의 호응도도 높지만(79.2점), 공동체 지원이나 한글교육보다 절실하지 않은 것으로 나타났다.

다섯째, 설동훈 교수는 종교단체를 포함하여 전체 지원단체를 대상으로 조사하였는데, 지원단체에 종교단체가 대부분이어서 선교, 포교 활동을 한다고 응답한 단체가 55.3%였다고 한다. 종교단체가 약 80%에 이르지만 일부 단체들은 선교와 포교를 내세우지 않고 인권운동 중심으로 하기 때문에 선교활동을 한다는 응답자가 상대적으로 줄어들었다.

여섯째, 의료지원을 하는 곳도 많은데(53.2%), 대개 주말에 간이 진료소를 설치하여 무료 혹은 염가로 진료해 준다.

일곱째, 외국인 지원단체의 53.2%가 쉼터(피난처, 숙소)를 제공하고 있는 것으로 조사되었다. 이 쉼터에는 심각한 문제에 직면한 근로자나, 직장을 구하는 과정에서 일시적으로 쉬고 있는 외국인 근로자들이 주로 생활하고 있다.

여덟째, 외국인 근로자의 권리를 확보하기 위한 활동, 즉 '외국 인력제도 개선을 위한 활동'을 전개한 단체는 전체의 34.0%로 집계되었다.

아홉째, 지원단체들은 '이주 노동자 관련 연구 사업'(48.9%), '소식지 및 출판물 제작'(29.8%) 등 연구와 언론활동을 하고 있다.


이상의 활동들에 대하여 서비스를 제공하는 단체의 비율, 활동가의 평가, 그리고 근로자들의 평가에 따라 정리하면 다음과 같다.


첫째, 외국인 근로자 지원단체에서 보편적으로 이루어지고 있는 활동은 한글교육(76.6%), 외국인 근로자 공동체 지원(61.7%), 각종 행사 지원(59.6%), 선교 및 포교 활동(55.3%), 의료 서비스 지원(53.2%), 쉼터 운영(53.2%), 상담 활동을 통한 문제해결(51.1%) 등이며, 그래프로 표시하면 아래 [그림 4]와 같다.

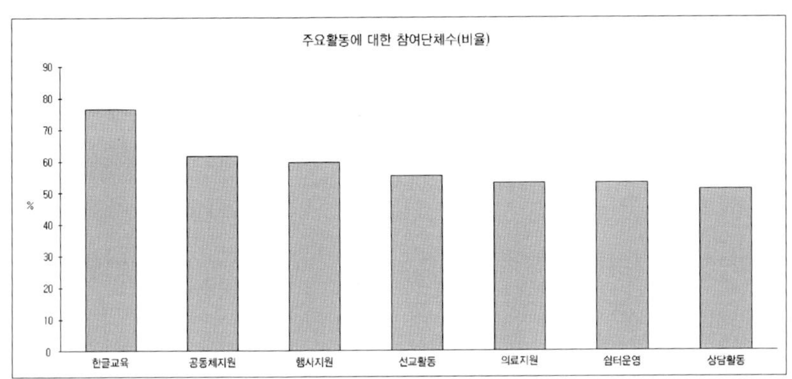



[그림 4] 주요활동에 대한 참여단체수

둘째, 지원단체 활동가들의 만족도 평가에 의하면 의료 서비스 지원(73.8점), 각종 행사 지원(70.4점), 한글교육(68.2점), 선교 및 포교 활동(67.9점), 상담 활동을 통한 문제해결(67.3점), 외국인 인력제도 개선을 위한 활동(61.8점), 외국인 근로자 공동체 지원(59.8점) 등의 순서로 나타났으며, 성교육(34.0점)과 외국인 근로자 협동조합 운영(30.8점) 등은 상대적으로 낮은 점수를 받았다.

셋째, 서비스의 수혜자인 외국인 근로자들의 평가에 따르면 대체로 지원단체의 모든 활동들에 만족하고 있지만, 특히 외국인 근로자 공동체 지원(83.8점), 의료 서비스 지원(81.4점), 한글교육(81.3점), 각종 행사 지원(79.2점), 상담 활동을 통한 문제해결(79.1점), 쉼터 운영(77.2점) 등 활동에 대한 만족도가 높았다(설동훈 2003, 55 – 66).

## 2. 한국교회의 지교회 자국 내 외국인 선교에 대한 설문조사

다음은 한국교회의 자국 내 외국인 선교 현황에 대한 설문조사 및 분석에 관한 것이다. 필자가 미국에 체류하면서 한국교회의 외국인 선교 현황에 대하여 설문을 조사해야 했기 때문에 우편물을 발송하기에 어려움이 있었다. 그래서 이메일을 통해서 설문을 보내고 이메일을 통해서 답변을 받는 방법을 택했다. 설문조사 대상을 정함에 있어서, 앞에서 논한 설동훈 교수의 조사에서 외국인 근로자들이 전국적으로 분포해 있고, 지원단체도 전국적으로 활동하고 있기 때문에 지역적으로 범위를 한정할 필요가 없었다. 그리고 선교는 모든 교회가 해야 하고, 할 수 있기 때문에 대상 교회의 규모 또한 한정하지 않기로 하였다. 따라서 한국교회 목회자의 이메일 주소를 최대한 구해서 설문을 발송하고 회신 메일 목표를 50개 교회로 하기로 하였다. 이메일 주소를 인터넷의 선교기관 등을 통해 구하였으며, RTS 목회학 박사과정 동문 목사님들의 이메일 주소도 포함시켰다. 그래서 총 586개 교회에 설문조사 이메일을 발송하였으며, 2007년 11월과 12월에 각고의 노력 끝에 55개 교회로부터 답변을 받을 수 있었다(회신비율 9.4%). 그리고 보충적으로 29개 외국인 선교단체에도 설문지를 보냈으며 4개의 선교단체로부터 회신을 받았다(회신비율 13.8%). 이 조사 과정에서 이메일 주소가 정확하지 않아 되돌아오는 경우도 많았고, 직접 국제전화를 해서 답변 협조를 부탁하기에도 무리가 있어서 어려움이 많았다. 부족하지만 이 귀중한 답변들을 표본으로 삼아 한국교회의 자국 내 외국인 선교 현황에 대하여 분석해 보고자 한다.

## 1) 표본 교회의 일반적 사항 분석

교회들의 일반적 사항에 대한 지역교회 설문에서 <설문 Ⅰ-1> "목사님께서 섬기시는 교회의 소속 교단은 어디입니까?"라는 질문과, <설문 Ⅰ-2> "목사님께서 섬기시는 교회의 위치는 어느 지역입니까?"라는 질문과, 그리고 <설문 Ⅰ-4> "목사님 교회는 국내 외국인(근로자, 유학생 등)들을 위한 사역을 펼치고 있으십니까?"라는 질문에 대한 분석이다.

설문에 답한 55개 교회 중 외국인 근로자 사역을 하고 있다는 교회는 6개 교회였으며, 나머지 49개 교회는 사역을 하고 있지 않는 교회였다. 이들 교회에 대하여 소속 교단, 교회가 속한 지역, 출석 교인 수별로 나누어 외국인 사역 여부와 관련지어 분석해 보면 다음 표와 같다.

**[표 2]** 설문참여 교회 교단별 분석

|  | 교회 수 | 외국인 사역 교회 수 | % |
|---|---|---|---|
| 대한예수교장로회(합동) | 42 | 6 | 14.3 |
| 대한예수교장로회(고신) | 4 | 0 | - |
| 대한예수교장로회(대신) | 3 | 0 | - |
| 기독교대한감리회 | 2 | 0 | - |
| 기독교대한성결교회 | 1 | 0 | - |
| 기독교한국침례교회 | 1 | 0 | - |
| 대한예수교장로회(합신) | 1 | 0 | - |
| 대한예수교장로회(합정) | 1 | 0 | - |
| 계 | 55 | 6 | 10.9 |

위의 표에서 보면 예장합동 측 교회가 절대다수를 차지하고 있다. 이는 필자가 속한 교단이 예장합동이며, RTS의 동문들도 대부

분 예장합동 소속인 것과 무관하지 않다. 그리고 예장합동 교단이 한국교회에서 차지하는 비중이 매우 높기 때문이기도 하다. 2006년 한국 통계청 발표에 의하면 개신교인이 8,616,438명으로 되어 있는데, 2006년 10월 5일 CBS 노컷뉴스에 예장합동 교인 수가 271만여 명으로 발표되었다. 이 통계수치로 보면 예장합동 교인 수는 한국의 전체 기독교인 수의 약 32%를 차지한다. 그리고 외국인 사역 교회가 다른 교단에서도 많이 있지만 표본 교회 수가 적어서 여기서는 나타나지 않고 있다. 이 조사에서 외국인 사역 교회 수가 전체 표본 교회 수의 10.9%를 차지하는 것으로 나왔는데, 이는 아직 한국교회가 외국인 사역을 적극적으로 실시하고 있지 않다는 일면을 보여 주는 것이다.

　표본 교회의 지역별 분포도는 아래 [표 3]과 같다. 통계청 자료에 의하면 2005년도 서울과 인천, 그리고 경기도 인구가 전국의 48.2%에 이른다. 즉 수도권의 인구가 전국 인구의 절반 정도가 되는 셈이다. 따라서 교회도 수도권에 몰려 있기 때문에 아래 표본 교회의 지역별 분포에서 수도권의 교회 수가 전체 표본의 절반 이상으로 나온 것은 자연스러운 일이다. 그러나 표본 교회의 지역별 외국인 사역 교회 수는 교회 수에 비하여 적절하게 배분된 것 같지 않다. 왜냐하면 설동훈 교수의 조사에 의하면 외국인 근로자 지원 단체의 69.1%가 수도권에 있는 것으로 나왔기 때문이다(2003, 27).

[표 3] 표본 교회의 지역별 분포

|  | 교회 수 | 외국인 사역 교회 수 | % |
|---|---|---|---|
| 서울시 | 21 | 1 | 4.8 |
| 경기도 | 10 | 2 | 20.0 |
| 경상남도 | 5 | 1 | 20.0 |
| 대구시 | 4 | 1 | 25.0 |
| 전라북도 | 3 | 0 | – |
| 경상북도 | 2 | 0 | – |
| 부산시 | 2 | 0 | – |
| 강원도 | 1 | 0 | – |
| 대전시 | 1 | 0 | – |
| 인천시 | 1 | 0 | – |
| 광주시 | 1 | 1 | 100.0 |
| 전라남도 | 1 | 0 | – |
| 농촌* | 3 | 0 | – |
| 계 | **55** | **6** | **10.9** |

* 3개 교회가 지역을 지명으로 답하지 않고 농촌이라고 답하였다.

다음으로 지역교회 설문지 <설문 Ⅰ-3> "목사님께서 섬기시는 교회의 교인(장년) 출석수는 얼마나 되십니까?"라는 질문에 대한 답변을 통해 표본 교회의 출석 교인 수와 외국인 사역의 관계를 보면 다음 [표 4]와 같다.

[표 4] 출석 교인 수와 외국인 사역

|  | 교회 수 | 외국인 사역 교회 수 | % |
|---|---|---|---|
| 100명 이하 | 19 | 1 | 5.3 |
| 100 - 200명 | 13 | 1 | 7.7 |
| 200 - 500명 | 12 | 0 | – |
| 500 - 1,000명 | 5 | 1 | 20.0 |
| 1,000명 이상 | 6 | 3 | 50.0 |
| 계 | **55** | **6** | **10.9** |

위의 [표 4]를 보면 출석 교인 1,000명 이상의 대형 교회는 50%

가 외국인 사역을 하고 있는 것으로 나타났다. 이는 대형 교회가 외국인 사역에 대하여 나름대로 책임을 다하려고 노력하고 있다는 것을 보여 주는 것이다. 그러나 100명 이하의 교회와 100－200명의 교회도 참여하고 있는 것을 볼 때 출석 교인 수에 관계없이 외국인 사역은 지역교회가 감당할 수 있다는 것을 알려 주는 것이다. 그리고 200－500명 교회가 12개 교회 중 한 교회도 참여하지 않고, 500－1000명 교회도 20%만 참여하고 있는 것을 볼 때 아직 한국교회가 더 적극적으로 외국인 근로자 사역에 참여해야 한다는 것을 시사해 주는 것이다.

## 2) 포본 교회 중 외국인 사역에 참여하지 않고 있는 교회 분석

설문에 응답한 표본 교회 55개 교회 중 49개 교회가 외국인 사역에 참여하지 않고 있다고 답하였다. 이 사역에 참여하지 않고 있는 교회들이 왜 참여하고 있지 않은지, 외국인 사역에 대한 정보를 얼마나 가지고 있는지, 그리고 앞으로 사역에 참여하게 된다면 어떤 사역을 하고 필요한 것이 무엇인지 등에 대하여 설문을 통해 분석해 보고자 한다.

### (1) 사역하지 않고 있는 이유

지역교회 중 사역을 하지 않고 있는 교회에 대하여, 지역교회 설문지 ＜설문 Ⅲ－1＞ "목사님 교회에서 외국인 사역을 하시지 않는 이유는 무엇입니까?"라는 질문에 49개 교회 중 6개 교회는 필요성이 없다고 답하였고 4개 교회는 외국인 근로자가 없다고 답하였다. 필요성이 없다고 답한 교회는 사명을 깨닫고 있지 못하다고 할 수 있고, 또 외국인 근로자가 없어서 그렇게 답하였다고 할 수 있다. 그리고 49개 교회 중 나머지 39개 교회(79.6%)는 사역을 하고 있지는 않지만 필요성을 느끼고 있으며 이 중 앞으로 사역을 하기 위해 준비하는 교회가 9개 교회(18.4%)가 되었다. 그리고 일꾼이 없어서(13개 교회, 26.5%), 재정적으로 어려워서(8개 교회, 16.3%) 현재 사역을 못 하고 있다고 답한 교회도 있고, 사역방법을 몰라서(15개 교회, 30.1%) 못 하고 있다고도 답하였다.

[표 5] 외국인 사역을 하지 않고 있는 이유

|  | 교회 수 | %(전체를 49개 교회로 계산) |
| --- | --- | --- |
| 일꾼이 없다. | 13 | 26.5 |
| 재정적으로 어렵다. | 8 | 16.3 |
| 사역방법을 잘 모른다. | 15 | 30.6 |
| 시작하기 위해 준비하고 있다. | 9 | 18.4 |
| 필요성이 없다. | 6 | 12.2 |
| 기타 | 7 | 14.3 |
| **합계** | **58*** |  |

* 총 49개 교회이지만 이유를 1개 이상 답한 교회도 있어서 58로 합계가 나왔다.

위의 사역방법을 몰라서 못 하고 있는 교회들은 세미나 등을 통해서 사역방법을 배우게 되면 시작할 수도 있는 교회들이다. 그러므로 지금 사역을 준비하고 있다는 교회(9개 교회, 18.4%)와 사역방법만 배우면 시작할 가능성이 있는 교회(15개 교회, 30.1%)를 합하면 현재 사역을 하지 않고 있는 49개 표본 교회 중 24개 교회

(49.0%)가 앞으로 사역에 동참할 수 있다는 진단이 나온다. 여기에 '일꾼이 없어서'라고 대답한 13개 교회도 일꾼 양성을 위한 교육을 제공한다면 바뀔 수 있다. 따라서 교단 차원이나 외국인 선교 연합회 등에서 적극적으로 지교회의 외국인 사역을 격려하고 이 사역과 관련된 세미나 등을 효과적으로 개최한다면, 머지않아 현재 외국인 사역을 하고 있지 않는 교회 중 절반 이상이 사역에 동참할 수 있게 될 것으로 예상된다.

## (2) 자국 내 외국인 사역에 대한 정보

다음으로 외국인 사역을 하지 않는 교회들이 이 사역에 대한 정보를 얼마나 가지고 있는지에 대한 설문에 대한 응답을 살펴보고자 한다. 지역교회 설문지 <설문 Ⅲ-2> "국내 외국인 사역에 대한 정보를 어느 정도 가지고 계십니까?"라는 질문에 49개 교회 중 사역에 대한 정보를 조금 가지고 있다고 한 교회가 21개 교회로 제일 많고, 매우 조금 가지고 있다고 한 교회가 8개 교회이다. 따라서 외국인 사역에 대해서 잘 모르고 있는 교회가 29개 교회로 전체의 59.2%이다. 그리고 보통으로 정보를 가지고 있다고 답한 교회는 17개 교회로서 34.7%이고, 많이 가지고 있는 교회는 2개 교회(4.1%), 매우 많이 가지고 있는 교회는 불과 1개 교회(2.0%)에 불과하다. 이 결과를 볼 때 대체적으로 아직 한국교회가 자국 내 외국인 사역에 대한 정보를 제대로 가지고 있지 못하다는 것을 알 수 있다.

[표 6] 외국인 사역에 대한 정보 정도

|  | 교회 수 | % |
|---|---|---|
| 매우 많이 가지고 있다. | 1 | 2.0 |
| 많이 가지고 있다. | 2 | 4.1 |
| 보통 가지고 있다. | 17 | 34.7 |
| 조금 가지고 있다. | 21 | 42.9 |
| 매우 조금 가지고 있다. | 8 | 16.3 |
| 합계 | **49** | **100** |

## (3) 외국인 선교전략에 대한 세미나 및 교육의 필요성

지역교회 설문지 <설문 Ⅲ-3> "외국인 선교전략에 대한 세미나 등의 교육이 필요하다고 생각하십니까?"라는 질문에 대하여 아래의 [표 7]과 같이 49개 교회 중 13개 교회(26.5%)가 '아주 필요하다'라고 답하였고, 29개 교회(59.2%)가 '필요하다'라고 답하였다. 즉 85.7%의 교회가 교육의 필요성을 분명히 느끼고 있다는 것이다. 나머지 7개 교회(14.3%)도 '어느 정도 필요하다'라고 답하였다. 이 결과는 위의 외국인 사역에 대한 정보 소지 여부에 대한 질문과 연관되는 것으로 정보를 많이 가지고 있지 못하기 때문에 당연히 교육에 대한 필요성을 인정하고 있는 것이다.

[표 7] 외국인 선교전략에 대한 세미나 필요 정도

|  | 교회 수 | % |
|---|---|---|
| 아주 필요하다. | 13 | 26.5 |
| 필요하다. | 29 | 59.2 |
| 어느 정도 필요하다. | 7 | 14.3 |
| 필요 없다. | 0 | 0 |
| 아주 필요 없다. | 0 | 0 |
| 합계 | **49** | **100** |

## (4) 희망하는 사역의 유형들

현재 사역을 하고 있지는 않지만 준비하고 있고 또 사역방법을 배우게 되면 사역을 시작할 수 있는 교회들이 많은 것을 앞에서 살펴보았다. 사역을 현재는 하고 있지 않지만 만약 앞으로 사역을 한다면 어떠한 사역을 하기를 원하는지에 대하여 조사하기 위해 지역교회 설문지 <설문 Ⅲ-4> "앞으로 사역을 하신다면 어떠한 사역을 하시기를 원하십니까?"라고 질문했을 때 아래의 [표 8]과 같이 응답하였다.

[표 8] 희망하는 사역의 유형

|  | 교회 수 | %(전체를 49로 계산) |
|---|---|---|
| 주일 외국인 예배 | 34 | 69.4 |
| 한글학교 | 27 | 55.1 |
| 제자훈련 | 26 | 53.1 |
| 성경공부 | 26 | 53.1 |
| 쉼터 제공 | 23 | 46.9 |
| 친교 활동(체육, 관광 등) | 18 | 36.7 |
| 상담 활동(임금체불, 법률문제 등) | 17 | 34.7 |
| 의료봉사 | 16 | 32.7 |
| 공동체 활동 지원 | 14 | 28.6 |
| 무료 이발 | 11 | 22.4 |
| 기타 | 1(신학교육) | 2.0 |
| **합계** | **213*** |  |

* 합계가 이렇게 나온 것은 교회마다 희망사역이 여럿이기 때문이며, 위에서부터 희망도가 높은 순위이다.

희망 사역 중 역시 주일 외국인 예배가 약 70%에 이를 정도로 1위이고, 한글학교가 두 번째이며(55.1%), 제자훈련, 성경공부, 그리고 쉼터 제공 등이 50% 안팎이다. 그리고 여러 가지 사역을 같이 하기를 원한다는 것을 알 수 있었다.

## (5) 희망하는 외국인 민족 조사

지역교회 설문지 <설문 Ⅲ-5> "만약 주일 외국인 예배를 드
린다면 어떤 민족 예배를 드리실 것인지요?"라는 질문에 다음 [표
9]와 같이 대답하였다.

[표 9] 희망하는 외국인 민족 조사

|  | 교회 수 | %(전체를 49로 계산) |
|---|---|---|
| 아시아 | 32 | 65.3 |
| 중국 | 11 | 22.4 |
| 동남아시아 | 7 | 14.3 |
| 필리핀 | 6 | 12.2 |
| 아시아 | 3 | 6.1 |
| 베트남 | 2 | 4.1 |
| 일본 | 1 | 2.0 |
| 몽골 | 1 | 2.0 |
| 미얀마 | 1 | 2.0 |
| 영어권(다민족) | 9 | 18.4 |
| 러시아 | 2 | 4.1 |
| 회교권 | 2 | 4.1 |
| 기타 | 4 | 8.2 |
| 합계 | 49 | 100 |

중국을 포함한 아시아권의 민족(65.3%)을 대부분 원하고 있고,
영어권의 민족들을 함께 아울러서 다민족 예배를 드리기 원하는
교회도(18.4%) 많다는 것을 알 수 있었다. 이는 한국에 체류하는
외국인들이 대부분 아시아권이기도 하고, 한국인 사역자들이 영어
로 소통하기가 편하기 때문인 것으로 추정된다.

### (6) 외국인 출신 사역자 필요성

유급 외국인 출신 사역자의 필요성을 조사하기 위해 지역교회 설문지 <설문 Ⅲ-6> "외국인 예배를 드릴 경우 유급 외국인 출신 사역자가 필요하다고 생각하시는지요?"라고 묻는 질문에 아래 [표 10]과 같이 34개 교회(69.4%)가 '필요하다'라고 답하였다. '필요 없다'라고 답한 교회는 4개 교회(8.2%)에 불과하였다. 모국어로 예배를 드리는 것이 거의 필수적이기 때문에 이러한 결과가 나왔다고 추정된다.

[표 10] 외국인 출신 사역자의 필요성

|  | 교회 수 | % |
|---|---|---|
| 필요하다 | 34 | 69.4 |
| 모르겠다 | 11 | 22.4 |
| 필요 없다 | 4 | 8.2 |
| **합계** | **49** | **100** |

### (7) 미국의 모델 교회 소개에 반응

지역교회 설문지 <설문 Ⅲ-7> "미국에서 모범적으로 외국인 사역을 하는 교회의 선교전략을 한국에 소개한다면 도움이 되실까요?"라는 질문에 대한 답변은 [표 11]과 같다.

[표 11] 미국의 모델 교회 소개가 도움이 될 것인가?

|  | 교회 수 | % |
| --- | --- | --- |
| 매우 그렇다 | 17 | 34.7 |
| 그렇다 | 30 | 61.2 |
| 모르겠다 | 2 | 4.1 |
| 아니다 | 0 | 0 |
| 매우 아니다 | 0 | 0 |
| 합계 | **49** | **100** |

위의 표와 같이 대부분의 교회가 '매우 그렇다'(34.7%), '그렇다'(61.2%)라고 답하였다. 이는 외국인 사역에 대한 필요성을 인지하고 있지만 사역에 대한 정보가 없기 때문에 대부분의 교회가 이를 간절히 필요로 하고 있다는 것을 말해 준다.

## (8) 외국인 사역에 있어서 가장 필요한 것에 대한 응답

지역교회 설문지 <설문 Ⅲ-8> "목사님 교회의 자국 내 외국인 사역을 위해 가장 필요한 것은 무엇이라고 보시는지요?"라는 설문에 대하여 49개 표본 교회가 응답한 결과는 아래 [표 12]와 같다.

[표 12] 외국인 사역에서 가장 필요한 것

|  | 교회 수 | %(전체를 **49**로 계산) |
| --- | --- | --- |
| 자원봉사자 | 21 | 42.9 |
| 선교전략 | 20 | 40.8 |
| 사역비 | 7 | 14.3 |
| 유급 사역자 | 4 | 8.2 |
| 기타 | 2 | 4.1 |
| 합계 | **54*** |  |

* 1개 이상 답한 교회가 있어서 54가 나왔다. 기타는 담임목사의 외국어 구사능력, 언어에 준비된 사역자이다.

이 응답에 의하면 가장 필요한 것은 자원봉사자와 선교전략이라고 말할 수 있다. 사실 하나님의 일을 할 때 일꾼이 우선 필요하고, 그 다음에 그 일을 어떻게 할 것인가에 대한 전략이 있어야 한다. 일꾼을 동원하는 일과 그 일꾼을 훈련하는 일이 외국인 사역을 포함한 하나님의 일의 우선 과제라고 해도 과언이 아니다. 그리고 외국 출신 유급 사역자가 필요하다고 앞의 질문에서 69.4%가 답하였는데, 여기서는 8.2%로 나온 것은 유급 사역자는 구하기가 어렵지 않을 것이라는 생각 때문이라고 본다.

### (9) 지교회 전체 선교비와 외국인 선교비 예산

다음은 지역교회 설문지 <설문 Ⅲ-9> "목사님 교회의 선교비 예산은 전체의 몇 %이며 국내 외국인 사역을 시작하실 경우 사역비는 그중 몇 %를 배분하실 예정입니까?"라는 질문에 답한 것을 분석한 것이다.

아래 [표 13]에서 보는 대로 표본 교회들은 선교비를 대체적으로 전체 예산의 10% 이상 15% 미만으로 책정하고 있음을 알 수 있다(36.7%). 그리고 선교비 예산이 전체의 20% 이상이 되는 교회도 8개 교회(16.3%)나 된다. 이러한 선교비 예산 중에서, 만약 외국인 사역을 앞으로 펼칠 경우에 외국인 선교에 배분할 예산은 전체 선교비의 10% 미만이 총 14개 교회(28.5%), 그리고 20% 이상이 총 16개 교회(32.7%)가 되었다. 나아가서 외국인 사역에 대한 예산 배분을 모르겠다고 대답한 교회 수가 15개(30.6%)에 다다랐다. 이렇게 불규칙적인 결과가 나온 것은 아직 외국인 사역을 해 보지 않았고, 그리고 사역에 대한 정보를 잘 모르고 있어서 예산 배분을 예상하기가 어렵다는 것을 보여 주는 것이다.

[표 13] 지교회 전체 선교비와 외국인 선교비 예산

|  | 전체 선교비/전체 예산 | | 외국인 선교비/전체 선교비 | |
| --- | --- | --- | --- | --- |
|  | 교회 수 | % | 교회 수 | % |
| 5% 미만 | 4 | 8.2 | 6 | 12.2 |
| 5% 이상 – 10% 미만 | 9 | 18.4 | 8 | 16.3 |
| 10% 이상 – 15% 미만 | 18 | 36.7 | 2 | 4.1 |
| 15% 이상 – 20% 미만 | 5 | 10.2 | 2 | 4.1 |
| 20% | 5 | 10.2 | 8 | 16.3 |
| 30% | 1 | 2.0 | 6 | 12.2 |
| 50% | 2 | 4.1 | 2 | 4.1 |
| 기타* | 5 | 10.2 | 15 | 30.6 |
| 합계 | 49 | 100 | 49 | 100 |

* 기타의 경우는 잘 모르겠다고 대답한 경우가 대부분이다.

## (10) 사역하고 있지 않는 교회들의 외국인 선교에 대한 기타 의견들

한국교회의 자국 내 외국인 선교의 발전을 위해 꼭 하고 싶은 말씀을 적어 달라는 요구에 대하여 49개 교회 중 22개 교회가 다음과 같은 의견을 제출하였다.

1. 선교와 영혼 구원에 대한 사명과 열정을 가져야 하겠으며 국내에 거주하는 외국인을 가까이에 있는 선교 대상자로 바라보는 사명이 있어야 한다.
2. 국내 외국인 사역을 위해 국내로 선교사를 파송하여 10여 년 선교 사역을 하는 동안 절실히 필요한 것은 담임목사의 영어 회화능력이라는 것을 깨달았다(이 교회는 외국인 사역을 국내에 선교사를 파송해서 10여 년 하였고 현재는 중단하고 있다).

3. 소명감을 가지고 지속적으로 하는 것이 좋겠다.

4. 사역자 양성이 필요하다.

5. 외국인 국내 거주 분포를 모른다. 외국인 사역을 위한 모임이 필요하다.

6. 외국인의 국내 유입은 복음사역의 기회인데, 사역의 필요성과 절실함을 인지하면서도 앞에서 보여 주는 모델이 없어서 나서지 못하는 어려움이 있다.

7. 각 교회가 생각은 있으나 구체적으로 어떻게 해야 하는지 잘 알지 못하고 있는 실정이기 때문에 이 일을 하는 교회에서 각 지교회가 어떤 역할을 하며, 어떤 것을 할 수 있는지에 대한 교육과 지도를 하는 것이 반드시 필요하다.

8. 국내에 머물고 있는 외국인들을 훈련하고 양육해서 선교사의 마인드와 비전을 심어 주어 본국에 돌아가서도 복음의 용사로 쓰임 받는 사역이 되었으면 좋겠다.

9. 근처에 공단이 있어서 외국인 근로자들이 있다는 것을 들었지만, 모집하는 방법이나 관리, 재정, 사역자 동원 등을 잘 몰라 용기를 쉽게 내지 못하고 있다.

10. 특정한 사역에 헌신하는 분들이 자신의 사역을 강조하거나 강요하지 말고, 각각의 교회나 사역자의 사역을 인정하고 존중하면서 상호 보완과 협력 사역이 되어야 할 것이다. 자신의 사역에 동참을 강요하거나 참여하지 않는 교회나 사역자들을 무시 혹은 비난하는 것은 바람직하지 못한 것이라고 생각한다.

11. 단순히 실적 위주의 외국인 사역이 아니라 그들의 문화를

이해하고 접근해야 한다. 우월적인 입장이 아니라 섬기는 입장에서의 사역이 필요하다. 전 교회가 그리스도인으로서의 삶을 강조함으로, 생활신앙을 실천함으로 외국인들에게 그리스도의 사랑을 심어 주어야 한다. 너무 영어예배로 한정되어 있는데, 교회별로 국가별 접근 전략이 필요하다.

12. 한국에서의 외국인 사역이 선교지에서의 사역보다 더 효과적인 결과를 가져올 수 있다.

13. 필요성을 인정하고 있다. 재정적인 큰 부담 없이 사역할 수 있는 방법이 있었으면 좋겠다.

14. 지금은 상황이 어려워 생각뿐이지만 형편이 되면 선교전략 등을 연구해서 사역하기를 원한다.

15. 외국인 사역을 꼭 해야 할 것으로 사료되며, 여건(조직, 예산, 대상)이 되면 할 것이다.

16. 각 외국인들의 문화와 종교에 대한 이해가 선행된 후 사역이 진행되어야 한다고 본다.

17. 국내 외국인 사역은 선교사가 직접 선교지에 나가 사역하는 것보다 오히려 더 효율적일 수 있다고 생각하며, 개교회들이 어떻게 사역을 해야 할지 모르는 경우가 많아 적절한 시범 사례들을 소개하는 것이 중요하다.

18. 교단이나 개교회에서 국내 외국인 전문사역자 양성에 대한 관심과 실천, 그리고 효과적인 선교전략 수립을 할 필요가 있다.

19. 외국인 사역을 위한 선교 비전과 전략이 필요하다.

20. 현재 한국에서 일하면서 공부하는 몽고 사람들을 가르치는

신학교에 강의를 나가고 있다. 그들이 한국교회에 대한 좋은 이미지를 가지고 있고, 신학훈련을 받고 몽고에 들어가 교회를 세우기를 원하는 모습을 보고 한국인이 직접 가는 선교도 중요하지만 한국에 온 외국인들을 교육하고 훈련하는 일이 더 확대되었으면 좋겠다는 생각을 한다.

21. 한국에 나와 있는 외국인들은 자기 나라에서 높은 학력과 나름대로 영향력이 있는 사람들이라고 본다. 한국교회가 많은 관심과 계획을 가지고 접근하면 선교에 큰 열매가 있을 것이다.

22. 국내 외국인 사역을 하고 싶지만 그들이 어디에서 어떻게 활동하고 있는지 자료가 확보되어 있지 않고, 자료가 있어도 봉사자가 없다. 봉사자가 있으면 비용이 들어도 사역하고 싶다.

이상의 의견들을 종합해 볼 때 대체로 외국인 사역에 대한 정보를 가지고 있지 못하여 모델 교회의 사역을 소개받는다거나, 외국인 선교전략 등에 대한 교육 등을 필요로 하는 교회가 많다는 것을 알 수 있다. 그리고 외국인들의 문화와 그들의 처지를 이해하는 것이 선행되어야 한다는 좋은 의견도 나왔다.


## 3) 외국인 사역에 참여하고 있는 교회 분석

이제 설문에 답한 55개 교회 중 외국인 선교를 실시하고 있는 6개 교회에 대하여 분석해 보고자 한다. 이 6개 교회의 분석에서 부족한 부분을 보충하기 위하여, 설문에 답한 외국인 선교를 담당하고 있는 선교단체 4곳에 대한 분석도 병행시켰다.

## (1) 외국인 사역 시작 연도

외국인 사역을 시작한 연도를 조사하기 위해 지역교회 설문지 <설문 Ⅱ-1>과 선교단체 설문지 <설문 1>에서 "목사님 교회에서는 외국인 사역을 언제 시작하셨습니까?"라고 물었다. 그 결과는 다음 표와 같다.

[표 14] 외국인 사역 시작 연도

| | 외국인 사역 참여 교회 | | 외국인 사역 선교단체 | |
|---|---|---|---|---|
| | 교회 수 | % | 단체 수 | % |
| 1995 | | | 1 | 25.0 |
| 1996 | | | 1 | 25.0 |
| 1997 | 1 | 16.7 | | |
| 1998 | 1 | 16.7 | | |
| 2000 | 1 | 16.7 | | |
| 2001 | 1 | 16.7 | 1 | 25.0 |
| 2002 | 1 | 16.7 | | |
| 2005 | | | 1 | 25.0 |
| 2006 | 1 | 16.7 | | |
| 합계 | 6 | 100 | 4 | 100 |

외국인 근로자들이 본격적으로 입국하기 시작한 것은 1990년대 초이다. 위의 표를 살펴볼 때 1995년부터 꾸준히 거의 매년 한 교회 혹은 선교단체가 외국인 사역을 시작한 것을 알 수 있다. 설동훈 교수의 조사를 보면 1998년 IMF 사태 직후 외국인 지원단체

설립이 급격히 감소하였고, 그 외 연도에는 매년 5－10개의 단체
가 새로이 설립되었다(2003, 22). 이는 외국인들이 꾸준히 증가되
어 왔고, 이에 따라 충분하지는 않지만 외국인 지원단체도 꾸준히
설립되어 왔다는 것을 의미한다.

## (2) 사역 민족 조사

교회와 선교단체들이 외국인 사역을 하고 있는 대상 민족들을
알기 위해 지역교회 설문지 <설문 Ⅱ－2>와 선교단체 설문지
<설문 3>에서 "어느 민족에 대한 사역을 하고 계십니까?"라고 질
문한 결과 아래 [표 15]와 같이 조사되었다.

[표 15] 사역 대상 민족

| | 외국인 사역 참여 교회 | | 외국인 사역 선교단체 | |
|---|---|---|---|---|
| | 교회 수 | % | 단체 수 | % |
| 아시아 | 2 | 33.3 | 2 | 50.0 |
| 중국 | 1 | 16.7 | | |
| 조선족 | 1 | 16.7 | | |
| 태국 | | | 1 | 25.0 |
| 스리랑카 | | | 1 | 25.0 |
| 다민족 | 3 | 50.0 | 2 | 50.0 |
| 영어권 | 1 | 16.7 | | |
| 합계 | 6 | 100 | 4 | 100 |

위의 표에서 보는 바와 같이 아시아 지역 민족에 대하여 많이
사역을 하면서 여러 민족을 대상으로 하는 경우가 좀 많았지만,
한 민족만을 섬기는 곳도 있었다. 영어권이라고 답한 경우도 역시

다민족을 의미한다고 할 것이다. 여러 민족을 대상으로 하는 것과 한 민족만을 대상으로 하는 것에는 장단점이 분명 있으리라 생각된다. 필자는 다민족을 대상으로 영어로 예배를 드렸는데, 영어를 모르는 외국인들을 수용하기에 어려움이 많았다. 다민족 예배의 장점은 한 민족에게 국한되지 않고, 접촉하는 여러 민족을 가능한 많이 대상으로 할 수 있다는 것이다. 그러나 한 민족을 대상으로 그 민족의 모국어로 예배를 드리는 것은 그 민족에게만 한정되기도 하고, 그 민족 출신 사역자가 필요하지만, 그 민족에 대해서는 모국어로 바르게 복음을 전할 수 있고 효과적으로 돌볼 수 있는 장점이 있다.

### (3) 외국인 사역 지역 분포

외국인 사역을 실시하고 있는 지역을 조사하기 위해 지역교회 설문지 <설문 Ⅰ-2>와 선교단체 설문지 <설문 2>에서 "목사님께서 섬기시는 교회의 위치는 어느 지역입니까?"라고 물은 결과 [표 16]과 같이 답하였다.

아래의 표를 통해서도 수도권이 총 10곳 중 6곳으로 60%를 차지하고 있는 것을 알 수 있다. 이것은 외국인 근로자들이 수도권에 몰려 있기 때문이다. 그러나 지방에도 외국인 근로자들이 골고루 분포되어 있기 때문에 많은 수는 아니지만 사역하는 교회와 단체가 있다.

[표 16] 외국인 사역 지역 분포

| | 외국인 사역 참여 교회 | | 외국인 사역 선교단체 | |
|---|---|---|---|---|
| | 교회 수 | % | 단체 수 | % |
| 서울특별시 | 1 | 16.7 | | |
| 경기도 | 2 | 33.3 | 3 | 75.0 |
| 경상북도 | | | 1 | 25.0 |
| 경상남도 | 1 | 16.7 | | |
| 대구광역시 | 1 | 16.7 | | |
| 광주광역시 | 1 | 16.7 | | |
| 합계 | 6 | 100 | 4 | 100 |

## (4) 외국인 출석 인원 조사

외국인 사역을 실시하고 있는 교회와 단체에 지역교회 설문지 <설문 Ⅱ－3>과 선교단체 설문지 <설문 4>에서 "외국인 출석 인원은 몇 명 정도입니까?"라고 질문하여 아래의 [표 17]과 같은 결과를 얻었다.

이 결과에서 외국인 출석 인원 유형을 보면 아주 적은 인원이 출석하고 있는 경우에서부터 350여 명의 많은 인원이 출석하는 경우도 있다. 이것은 외국인 사역을 담당하는 교회가 소형 교회일 경우 외국인의 소수가 참석하고, 대형 교회인 경우 많이 참석하고 있기 때문일 것이다. 하나님의 나라가 적은 수에서 출발하는 것이기에 외국인 사역에도 소형 교회든 대형 교회든 다 참여할 수 있다는 것을 보여 준다고 할 것이다.

**[표 17] 외국인 출석 인원 조사**

| | 외국인 사역 참여 교회 | | 외국인 사역 선교단체 | |
|---|---|---|---|---|
| | 교회 수 | % | 단체 수 | % |
| 5명 | 1 | 16.7 | | |
| 15명 | | | 1 | 25.0 |
| 20명 | 1 | 16.7 | | |
| 40명 | 2 | 33.3 | | |
| 50 - 60명 | | | 1 | 25.0 |
| 80 - 90명 | | | 1 | 25.0 |
| 100명 | | 16.7 | 1 | 25.0 |
| 350명 | 1 | 16.7 | | |
| 기타* | 1 | 16.7 | | |
| 합계 | 6 | 100 | 4 | 100 |

* 기타는 사역을 하고 있지만 참석 인원이 있을 때도 있고 없을 때도 있는 경우이다.

그리고 위의 표에서 선교단체의 경우 15명에서 100명 사이의 인원이 참석하고 있는 것을 알 수 있다. 이것은 선교단체의 경우는 자원봉사자와 예산 등의 한계가 있어 출석 인원 100명 이상의 규모를 돌보기에는 무리가 따르기 때문이라고 추정된다.

## (5) 사역의 유형

현재 사역하고 있는 교회들이 어떠한 사역들을 하고 있는지에 대해서, 그리고 아울러 선교단체들의 사역 유형에 대해서 조사하기 위해 지역교회 설문지 <설문 Ⅱ-4>와 선교단체 설문지 <설문 5>에서 "현재 어떤 종류의 외국인 사역을 하고 계십니까? 해당되는 번호를 모두 기록해 주시고, 기타사역이 있으시면 별도로 기록해 주십시오." 라고 질문한 결과 아래의 [표 18]과 같이 사역에 참여하고 있었다.

[표 18]에서 사역을 하고 있는 지교회들은 주일 외국인 예배와 성경공부, 그리고 친교 활동 등에 중심을 두고 있고, 선교단체들은 거의 모든 사역들을 동원하고 있다는 것을 알 수 있다. 이것은 지교회는 전체 교회 사역의 한 부분으로 외국인 사역을 하고 있고, 선교단체의 경우는 전적으로 외국인 사역만을 하기 때문인 것으로 추정된다.

설동훈 교수가 '외국인 노동자 실태 및 지원 서비스 수요 조사'에서 제안한 것처럼,[4] 외국인 사역에도 전문화가 필요하다. 지교회가 이 사역을 감당할 경우 각 교회의 사정에 맞게 분야별로 전문화된 외국인 사역을 펼치는 것이 효과적인 선교전략이 될 것이다.

[표 18] 사역의 유형

| | 외국인 사역 참여 교회 | | 외국인 사역 선교단체 | |
|---|---|---|---|---|
| | 교회 수 | % | 단체 수 | % |
| 주일 외국인 예배 | 5 | 83.3 | 3 | 75.0 |
| 한글학교 | 2 | 33.3 | 4 | 100.0 |
| 제자훈련 | 2 | 33.3 | 3 | 75.0 |
| 성경공부 | 4 | 66.7 | 3 | 75.0 |
| 쉼터 제공 | | | 3 | 75.0 |
| 친교 활동(체육, 관광 등) | 3 | 50.0 | 4 | 100.0 |
| 상담 활동(임금체불, 법률문제 등) | 1 | 16.7 | 4 | 100.0 |
| 의료봉사 | 1 | 16.7 | 3 | 75.0 |
| 공동체 활동 지원 | 2 | 33.3 | 3 | 75.0 |
| 무료 이발 | 1 | 16.7 | 3 | 75.0 |
| 기타* | 1 | 16.7 | 1 | 25.0 |
| 합계** | 22 | | 34 | |

* 기타에는 봉사단 운영, 귀국 프로그램, 선교사 파송, 선교사 양성, 국가별 선교 공동체 운영, 네트워크 구축, 파송 선교사 관리 및 교육, 정기 워크숍 개최, 선교사 대회, 여름 캠프(수련회), 동시통역 시스템, 외국인 자녀 교육 사역, 선교헌금 송금 등이 있다.
** 합계가 표본 수보다 많이 나온 것은 한 교회나 단체가 여러 가지 사역을 하기 때문이다.

---

4) 설동훈 교수가 지원단체와 활동가들에게 "여러 활동 중 가장 우선적으로 전문화하고 싶은 분야를 한 가지만 꼽으라"고 물었을 때 지원단체는 선교와 포교 활동(36.4%), 외국인 노동자 공동체 지원(18.2%), 한글교육(13.6%) 등의 순으로 대답하였고, 활동가들은 선교와 포교 활동(23.9%), 상담 활동을 통한 문제해결(14.2%), 한글교육(11.9%) 등을 지적하였다(2003, 72).

## (6) 예배와 성경공부 등에 사용되는 언어

외국인 사역을 하고 있는 지교회와 선교단체에서 예배와 성경공부 등에 어떤 언어를 사용하는지 알기 위해 지역교회 설문지 <설문 Ⅱ-5>와 선교단체 설문지 <설문 6>에서 "외국인 예배에 사용되는 언어는 어떤 언어입니까?"라고 질문하여 아래 [표 19]와 같은 결과를 얻었다.

[표 19] 예배와 성경공부 등에 사용되는 언어 조사

| | 외국인 사역 참여 교회 | | 외국인 사역 선교단체 | |
|---|---|---|---|---|
| | 교회 수 | % | 단체 수 | % |
| 영어 | 4 | 66.7 | 3 | 75.0 |
| 중국어 | 1 | 16.7 | 1 | 25.0 |
| 몽고어 | | | 1 | 25.0 |
| 베트남어 | 1 | 16.7 | 1 | 25.0 |
| 스페인어 | | | 1 | 25.0 |
| 태국어 | | | 1 | 25.0 |
| 힌두어 | | | 1 | 25.0 |
| 러시아어 | | | 1 | 25.0 |
| 인도네시아어 | | | 1 | 25.0 |
| 한국어 | 1 | 16.7 | 1 | 25.0 |
| 합계* | 7 | | 12 | |

* 한 교회나 단체가 여러 가지 언어를 사용하기 때문에 합계가 더 많이 나왔다.

이 표에서 관찰할 수 있는 대로 영어를 제일 많이 사용하고 있고, 각 민족별로 모국어를 많이 사용하고 있다는 것을 알 수 있다.

## (7) 외국인 선교전략에 대한 세미나 및 교육

사역을 하고 있는 지교회와 선교단체를 대상으로 외국인 선교전략에 대한 세미나 및 교육에 얼마만큼 참석하였는지를 파악하기 위해 지역교회 설문지 <설문 Ⅱ-6>과 선교단체 설문지 <설문 7>에서 "외국인 선교전략에 대한 세미나 등의 교육을 받아 보신 적이 있으십니까?"라고 질문했을 때 아래 표와 같이 답하였다.

[표 20] 외국인 선교전략에 대한 세미나 참석 정도

| | 외국인 사역 참여 교회 | | 외국인 사역 선교단체 | |
|---|---|---|---|---|
| | 교회 수 | % | 단체 수 | % |
| 3회 이상 | 2 | 33.3 | 3 | 75.0 |
| 1-2회 | 3 | 50.0 | | |
| 참석한 적 없다 | 1 | 16.7 | 1 | 25.0 |
| 합계 | 6 | 100 | 4 | 100 |

위의 표에서 보는 대로 세미나에 대부분 참석한 적이 있지만 전혀 참석하지 않은 곳도 있다. 물론 세미나에 참석하지 않고서도 외국인 사역에 대한 정보를 얻을 수 있지만 세미나 등에서 선교전략에 대한 정보를 얻고, 외국인 선교 사역에 대한 교육을 받는다면 더 나은 사역을 펼칠 수 있을 것으로 기대할 수 있다.

## (8) 미국의 모델 교회 소개에 반응

지역교회 설문지 <설문 Ⅱ-7> "만약 미국에서 모범적으로 외국인 사역을 하는 교회의 선교전략을 한국에 소개한다면 도움이 되겠습니까?"라는 질문에 대부분의 지교회가 아래 [표 21]과 같이

'그렇다'라고 답하였다. 선교단체에는 지교회와 성격이 다르기 때문에 이 질문은 하지 않았다.

[표 21] 미국의 모델 교회 소개가 도움이 될 것인가?

|  | 교회 수 | % |
| --- | --- | --- |
| 매우 그렇다 | 4 | 66.7 |
| 그렇다 | 2 | 33.3 |
| 모르겠다 |  |  |
| 아니다 |  |  |
| 매우 아니다 |  |  |
| 합계 | 6 | 100 |

이 설문의 결과와 같이 사역을 하지 않고 있는 교회이든 하고 있는 교회이든지 간에 미국의 모델 교회의 사역을 알고 싶어 하는 것은 우선 현재 외국인 사역에 대한 정보를 많이 가지고 있지 못하기 때문이고, 또한 한국교회가 미국교회의 영향을 가장 많이 받고 있기 때문이기도 하다. 한국의 초대교회는 주로 미국 선교사들에 의하여 세워졌으며, 미국에서 교육받은 많은 지도자들과 교수들에 의해 지금까지 영향을 받아 왔다. 따라서 미국의 사역 모델은 한국교회의 외국인 사역과 연관될 수밖에 없다. 그리고 한국에 들어온 외국인들의 환경과 미국에 들어와 있는 외국인들의 환경이 유사한 점이 많다는 이유도 있을 것이다. 한국교회나 미국교회가 하나님의 말씀을 따라 외국인 나그네를 섬기고, 복음을 이들에게 전해야 하는 사명을 함께 가지고 있으며, 두 나라에 거주하는 외국인들이 똑같이 언어 문제를 가지고 있고, 의료문제와 기타 법률 상담 등의 문제를 비슷하게 가지고 있다.

## (9) 지교회 전체 선교비와 외국인 선교비 예산

외국인 사역을 하고 있는 교회들의 전체 예산 대비 선교비의 비율과 전체 선교비에서 외국인 선교비가 차지하는 비율에 대하여 조사하기 위하여 지역교회 설문지 <설문 Ⅱ-8>에서 "목사님 교회의 선교비 예산은 전체의 몇 %이며 국내 외국인 사역비는 그중 몇 %입니까?"라고 질문하였는데, 아래 [표 22]와 같은 결과를 얻었다.

사역하고 있는 6개 교회가 한국교회를 대표하는 것은 아니지만 교회 전체 예산 대비 선교비의 비율이 15% 미만이 6개 교회 중 4개 교회(66.7%)나 된다는 것은 한국교회가 선교에 더 열심을 내어야 한다는 증거이다. '건강한교회재정확립네트워크'가 2006년 8월 10일 '한국교회 재정운용 실태조사'를 발표하였는데, 한국교회의 예산 지출 분석을 보면 선교비가 전체 예산의 10.67%밖에 되지 않는다(뉴스파워, 2006년 8월 10일).

[표 22] 지교회 전체 선교비와 외국인 선교비 예산

| | 전체 선교비/전체 예산 | | 외국인 선교비/전체 선교비 | |
|---|---|---|---|---|
| | 교회 수 | % | 교회 수 | % |
| 5% 미만 | 2 | 33.3 | 3 | 50.0 |
| 5% 이상 – 10% 미만 | 1 | 16.7 | 1 | 16.7 |
| 10% 이상 – 15% 미만 | 1 | 16.7 | 1 | 16.7 |
| 15% 이상 – 20% 미만 | | | | |
| 20% | 1 | 16.7 | | |
| 25% | 1 | 16.7 | | |
| 30% | | | 1 | 16.7 |
| 합계 | 6 | 100 | 6 | 100 |

그리고 외국인 선교 사역을 하고 있는 6개 교회 중 3개 교회 (50%)가 외국인 선교비가 전체 선교비의 5% 미만이며 2개 교회 (33.3%)가 5% 이상 15% 미만이다. 이것은 외국인 선교비가 전체 선교비에서 차지하는 비중이 낮다는 것을 말하며, 자국 내 외국인 선교가 적은 선교비를 가지고도 의미 있는 선교를 할 수 있다는 것을 보여 주는 것이다.

## (10) 선교단체의 선교비 현황

설동훈 교수의 조사에 의하면 외국인 근로자 지원단체의 수입과 지출 내역에서, 이 단체들의 한 해 평균 수입이 7,030만 원 정도이고 평균 지출은 9,051만 원 정도이며, 한 해의 적자가 2,021만 원으로 되어 있다(2003, 29). 필자가 조사한 4개 단체의 선교비 조달은 전체 지출의 몇 % 정도인가를 알기 위해 <설문 9> "후원받는 선교비가 전체 지출의 몇 %입니까?"라고 질문하였을 때 아래 [표 23]과 같이 응답하였다.

설동훈 교수의 조사와 마찬가지로 필자의 조사에 의해서도 대부분의 선교단체가 선교비를 충분히 후원받지 못하고 있다는 것을 알 수 있다. 필자가 조사한 4개 단체 중 2개 단체는 모자라는 선교비를 충당하기 위해 빚을 낸다고 하였고, 사역자가 아르바이트를 해서 보충하거나, 후원자를 추가로 모집해야 한다고 하였다. 한 선교단체는 자체 헌금으로 모자라는 선교비를 충당하고 있고, 한 단체만 후원금과 지방자치단체의 보조금으로 지출의 100% 이상을 후원받고 있었다.

[표 23] 선교단체의 총지출 대비 선교비 조달 비율

|  | 단체 수 | % |
|---|---|---|
| 10% | 1 | 25.0 |
| 60 – 70% | 1 | 25.0 |
| 80% | 1 | 25.0 |
| 100% 이상 | 1 | 25.0 |
| 합계 | 4 | 100 |

## (11) 사역 만족도 조사

지역교회 설문지 <설문 Ⅱ-9>와 선교단체 설문지 <설문 13>의 "사역에 보람이 있고, 다른 교회에 꼭 권하고 싶으신지요?" 라는 질문에 대해서는 교회와 선교단체가 아래 [표 24]와 같이 답하였다. 선교비 조달의 어려움이 있음에도 불구하고 사역의 만족도는 비교적 높은 것으로 나왔다. 이는 사역자들이 사명감을 가지고 어려운 일을 기쁨으로 감당하고 있기 때문일 것이다.

[표 24] 사역 만족도

|  | 외국인 사역 참여 교회 | | 외국인 사역 선교단체 | |
|---|---|---|---|---|
|  | 교회 수 | % | 단체 수 | % |
| 매우 보람을 느낀다 | 1 | 16.7 | 3 | 75.0 |
| 보람을 느낀다 | 3 | 50.0 |  |  |
| 모르겠다 | 2 | 33.3 | 1 | 25.0 |
| 보람을 느끼지 않는다 |  |  |  |  |
| 매우 보람을 느끼지 않는다 |  |  |  |  |
| 합계 | 6 | 100 | 4 | 100 |

## (12) 외국인 사역에서 가장 어려운 부분 조사

지역교회 설문지 <설문 Ⅱ-10>과 선교단체 설문지 <설문 11>의 "사역에서 가장 어려운 점은 무엇입니까?"라는 질문에 아래 [표 25]와 같은 부분이 어렵다고 답하였다. 사역하고 있는 지교회에서는 자원봉사자 부족, 선교전략 부재, 그리고 유급 사역자 초빙 문제가 대등하게 어려운 점으로 여겨지고 있는 반면, 선교단체에서는 사역비 조달과 자원봉사자 부족이 어려운 점이라고 답하였다.

[표 25] 외국인 사역에서 가장 어려운 부분

| | 외국인 사역 참여 교회 | | 외국인 사역 선교단체 | |
|---|---|---|---|---|
| | 교회 수 | % | 단체 수 | % |
| 사역비 조달 | | | 2 | 50.0 |
| 자원봉사자 부족 | 2 | 33.3 | 2 | 50.0 |
| 선교전략 부재 | 2 | 33.3 | | |
| 유급 사역자 초빙 문제 | 2 | 33.3 | 1 | 25.0 |
| 전문 사역자 부족 | | | 1 | 25.0 |
| 합계 | 6 | 100 | 6* | |

* 2개 이상 답을 하였기 때문이다.

## (13) 유급 외국인 출신 사역자 사역 여부

다음은 지역교회 설문지 <설문 Ⅱ-11>과 선교단체 설문지 <설문 12>에서 "목사님 교회에서 유급 외국인 출신 사역자가 사역을 하고 있으신지요?"라고 질문을 하였는데, 대부분 사역하고 있는 것으로 응답하였다. 지교회에서는 4개 교회가 사역하고 있다고 하였고(66.7%), 1교회는 곧 초빙할 예정이라고 답하였다. 그리고 선교단체에서는 2단체가 사역하고 있었고, 1단체는 곧 초빙할 예정이라고 하였다.

[표 26] 유급 외국인 사역자 사역 여부

| | 외국인 사역 참여 교회 | | 외국인 사역 선교단체 | |
|---|---|---|---|---|
| | 교회 수 | % | 단체 수 | % |
| 사역하고 있다 | 4 | 66.7 | 2 | 50.0 |
| 사역하고 있지 않다 | 1 | 16.7 | 1 | 25.0 |
| 곧 초빙할 예정이다 | 1 | 16.7 | 1 | 25.0 |
| 합계 | 6 | 100 | 4 | 100 |

## (14) 사역하고 있는 교회들과 선교단체들의 외국인 선교에 대한 기타 의견들

사역하고 있는 교회들과 선교단체들에 "기타 국내 외국인 사역의 발전을 위해 꼭 말씀하고 싶으신 것이 있으시면 기록해 주십시오."라고 요청하였는데, 지교회 6개 교회 중 5개 교회가, 선교단체 4개 단체 중 3개 단체가 의견을 제출하였다.

교회들의 의견

가. 당장의 열매를 기대하기보다 좀 더 멀리 보고 사역을 하면 좋겠다.

나. 영어를 할 수 있는 모든 외국인을 현재는 수용하려고 한다. 향후에 몽골이나 다른 언어 사용자가 많아지면 외국인 예배를 그 언어로 드리도록 확대하고자 한다.

다. 지역 관계 당국과 긴밀한 협조 속에서 사역이 이루어진다면 더욱 효과적이다.

라. 일차적으로 언어소통을 위한 사역자가 필요하고, 그리고 그 사역자들을 위한 물질적 후원이 필요하다.

마. 외국인 선교는 한국의 외교정책에 따라 그 사역에 변화가 많다. 장기 사역에서 열매를 거두려면 외교정책에 변화가 없는 것이 유익하다. 우리 교회에서는 중국 동포들이 많을 때는 100명 정도 모여 예배를 드렸는데, 지금은 외교정책이 바뀌어 대부분 중국으로 돌아가고 40명 정도가 모인다.

### 선교단체들의 의견

가. 선교지 직접 선교는 선교사 파송과 언어 습득, 문화 적응에 시간이 걸리고, 그리고 교회를 개척하고 성장시키고 이양하는 일이 시간을 요하지만, 자국 내 외국인 선교는 단숨에 파송과 더불어 이양할 수 있어 시간 절약을 할 수 있다. 현재 약 100만에 이르는 외국인들에 대한 한국교회의 선교전략 수립이 시급하다. 특히 무슬림 선교는 외국인 선교를 통해 좋은 결과를 기대할 수 있어 새로운 대안이 필요하다.

나. 사역 대상 외국인들의 나라와 문화에 대한 이해를 좀 더 깊이 하고, 각 개인의 성격이나 상태를 잘 파악하도록 노력해야 할 것이다.

다. 국내 외국인 선교 역시 선교라는 개념이 모든 교회 안에, 특히 목회자에게 인식되길 바란다.

# 3. Light and Truth Mission Fellowship에 대한 케이스 스터디

여기서는 필자가 2001년 초 설립하여 2006년 말까지 약 6년간 한국에서 사역한 외국인 선교회인 Light and Truth Mission Fellowship(빛과진리선교회, 약자는 LTM으로 이후부터는 LTM으로 표기함)을 하나의 케이스로 한국의 외국인 선교의 문제점들을 분석하고자 한다.

## 1) 사역 개관

LTM은 2001년 2월 3일 설립되었다. 설립 초기에는 한국의 청소년들과 한국에 거주하는 외국인 체류자들에 대한 선교단체의 성격을 가지고 출발하였다. 그러나 청소년 사역과 외국인 사역을 병행하는 것은 무리였고, 자연히 외국인 사역에만 치중하게 되었다.[5] 마침 농가와 같은 빈집 하나를 무료로 대여하여 쓸 수 있게 되어, 그곳에서 몽고인들을 중심으로 외국인 근로자 교회가 형성되었다. 이 몽고인 교회는 얼마 후 그 대여한 집을 쓸 수 없게 되어 해산

---

5) 처음 출발할 때의 사명선언문: "사도행전 1장 8절 말씀과 디모데후서 3장 16 - 17절 말씀에 힘입어 예수 그리스도의 복음을 땅 끝까지 전하며 가르쳐 지키게 하여 예수 그리스도의 분량까지 자라게 함을 목표로 한다. 청소년들과 외국인 체류자들에게 큰 비중을 두되 모든 세대가 예수 그리스도의 고난에 동참케 하며 순교사상에 입각하여 삶을 통한 경건 운동과 헌신, 문화 사역, 인간영혼과 세상을 치료하기 위한 사역을 다양하고 심도 있게 펼친다."

되고, 필자의 가정에서 다시 미얀마인들을 중심으로 예배를 드리게 되었다. 이어서 인도인들이 추가되는 등 멤버가 늘어나서 주변에 있는 한 기성교회의 예배당을 주일 오후에 빌려서 예배를 드리고 Fellowship을 가지게 되면서 조금씩 발전하였다.

LTM 교회의 구성원들은 미얀마, 인도, 캄보디아, 필리핀, 나이지리아, 네팔, 태국 등지에서 한국에 산업 근로자로 취업하기 위해 들어온 외국인들이다. 이들은 돈을 벌기 위해 대부분 가족을 떠나와서 한국에서 어렵고 힘든 일을 하고 있다. 다양한 언어와 종교를 가지고 있으면서 어떻게든 한국에 오래 머물면서 돈을 벌기 위해 애쓴다. 따라서 불법 체류자도 많고, 난민 신청을 해서라도 합법적으로 머물기 위해 노력한다. 이들이 교회에 모이는 것은 신앙인으로써 주님께 예배 드리고 성도의 교제를 위하여 모이기도 하지만, 그렇지 않은 경우 직장을 소개받기 위해, 병 치료와 체불 임금을 받기 위해, 그리고 다른 여러 가지 도움을 받기 위해 모인다.

교회가 발전하자 사역자는 필자와 사모, 그리고 나이지리아 출신 목사 1인과 미얀마 출신 전도사 1인으로 늘어났다. 필자는 주로 설교 사역과 토요일 저녁 전도 사역을 하고, 사모는 체불임금 해결, 병 치료를 위한 의료문제 해결, 새로운 직장을 찾아 연결하는 사역 등을 맡았다.[6] 그리고 나이지리아 출신 목사는 본 교회의 도움으로 직장을 구하여 평일에는 일을 하고, 주일에는 한 달에 한 번 설교를 맡았다. 미얀마 출신 전도사는 한국에서 외국인들을 위한 신학교에 다니면서 본 교회에서 찬양을 인도하고, 예배 사회

---

6) LTM이 하나의 선교회로서의 대외적인 조직은 회장에 필자의 사모, 지도목사에 필자로 하였다. 필자는 총신대학교 내에서 RTS 목회학 박사과정의 간사로서 풀타임으로 근무하였기 때문에 회장으로 활동하기에는 제약이 많아 사모가 회장 직함을 가지고 주로 대외적인 활동을 하였다.

와 미얀마인들을 돌보는 사역을 하였다.

본 교회 교인 수는 약 20명 정도이나 고정된 멤버는 극소수이고 계속 떠나가고 새로이 들어오는 일이 반복되었다. 언어가 다른 여러 종족들로 구성된 교회였으므로 예배를 영어로 드릴 수밖에 없어서 말씀의 전달에 어려움이 있었다. 많은 외국인들이 새롭게 참석하였지만 예배를 제대로 이해하지 못하여 떠나갔다. 그리고 예배 후에 종족별 모임을 가지지 못하고, 각 나라 언어로 제자훈련을 하지 못한 점이 아쉬움으로 남는다. 불법 체류자들이 많아 한곳에 오래 머물지 못하기도 하고, 합법적인 경우 3년이 되면 본국으로 돌아가야 하기 때문에 꾸준한 교제와 교육이 어려웠다. 또 중요한 것은 여러 민족들이 서로 민족 간에 깊은 교제를 하지 못할 뿐만 아니라, 충분한 쉼터 공간을 마련하지 못하여 서로 교제할 수 있는 기회를 제공하지 못하였다.


## 2) 사역전략과 방법

LTM의 선교전략은 선교회의 기본 취지에 맞게 예배와 전도를 중심으로 하되, 외국인들의 실생활의 문제를 해결하고 필요를 채워 주는 방식으로 진행되었다. 외국인들의 문제 중에 제일 큰 것은 구직 문제와 임금체불 문제였으며, 그 다음으로 의료 서비스를 받는 것과 직장을 잃었을 때에 잠시 동안 거처를 필요로 하는 것이었다. 사역전략과 방법에 대하여 다음과 같이 영어 예배, 노방 전도, 긍휼 사역, 그리고 쉼터 운영으로 크게 네 가지로 나누어서 설명하고자 한다.

## (1) 영어 예배

LTM에 모이는 민족이 여러 민족이어서 공용 언어인 영어로 예배를 드렸다. 처음에는 농촌의 빈집을 빌려서 몽고인들을 중심으로 사역하였으나 몽고인들이 떠나가고 여러 나라의 다양한 민족이 참석하였다. 미얀마, 인도, 네팔, 필리핀, 나이지리아, 캄보디아 등에서 온 외국인 근로자들이 대부분이었으며, 간혹 한국에 공부하러 온 유학생도 참석하였다. 농촌의 빈집을 반환하고 필자의 집에서 몇 사람이 모여서 예배를 드리다가 이웃의 교회당을 빌리게 되었다. 이웃 교회의 담임목사와 성도들이 선뜻 주일 오후 예배당이 비는 시간에 우리가 가서 예배를 드릴 수 있도록 허락을 해 주었다. 지하교회이지만 약 150명이 앉을 수 있는 예배당이었다. 이 교회는 전철역에서 가까워서 외국인들이 모이기에도 좋았다.

예배의 언어가 영어였기 때문에 캄보디아인들과 같이 영어를 잘 모르는 민족들은 계속 참석하기에 어려움이 있었다. 그래서 캄보디아에서 온 유학생을 설득하여 캄보디아인들만 따로 캄보디아어로 예배를 드리려고 노력을 해 보았지만 그 학생이 불시에 귀국하는 관계로 뜻을 이루지 못하였다. 인도 혹은 필리핀 등 영어권에서 온 외국인들은 예배 드리는 데에는 문제가 없어 보였다. 다국적인들이 함께 예배 드리는 방법은 여러 민족이 서로 교제하며 서로의 문화를 배우는 장점도 있지만 영어를 모르는 외국인들을 수용할 수 없는 단점이 있었다.

찬양과 설교 중심의 예배를 드렸으며, 찬양 인도는 미얀마인 신학생이 맡았고, 설교는 필자가 대부분을 담당하되 나이지리아인 목사가 한 달에 한 번 설교를 하였다. 필자는 가능하면 쉽게 복음적인 설교를 하려고 하였지만, 역시 언어의 문제로 큰 성과를 올리기가 힘들었다. 필자는 사례를 받지 않았고, 다른 협력 사역자들에게는 매월 5만 원에서 20만 원 정도의 교통비와 통신비를 선교회에서 지급했다. 선교회 재정으로는 사역비를 많이 지급할 수 없었다. 협력 사역자의 도움이 없지는 않았지만 이들에게 큰 기대를 할 수 없었다. 찬양을 인도한 미얀마인 전도사는 난민 신청을 한 자로서 미얀마를 떠나온 지 10년 정도가 되었으며, 고국에 아내와 어린 딸이 있는데도 돌아갈 수가 없었다. 남편을 기다리던 아내는 정신 이상이 생겼다고 한다. 산업 현장을 떠돌다가 허리가 많이 아파서 결국 외국인 신학교에 들어가서 신학수업을 하는 중이었다. 본 교회에 와서 많은 일을 했지만 결국은 고국의 가족에게 충분한 돈을 보내지 못한 관계로 갈등 중에 있었고 결국은 교회를 떠나가게 되었다.

나이지리아에서 온 목사님은 LTM의 소개로 직장을 구하여 평소에는 힘든 일을 하고 주일에 예배에 참석하면서 한 달에 한 번씩 설교를 하였다. 너무나 힘든 일을 해야 되었기에 한 달에 한 번 있는 설교도 힘들었다. 그리고 나이지리아인 영어 발음을 따라잡기가 어려워서 설교를 이해하기가 쉽지 않았다. 필자도 평일에는 총신대학교에서 리폼드 신학대학원 목회학 박사과정의 간사 일을 전임으로 하였기 때문에 영어 예배의 충실한 설교자가 되기에 부족하였다. 따라서 예배 사역이 활성화되지 못하였다.

## (2) 노방 전도

노방 전도는 주로 수원역에서 이루어졌다. 한글과 영문으로 된 전도지를 만들어 수원 전철역에서 토요일 저녁에 전도를 하였다. 가끔 영문으로 된 사영리 책자로 전도하기도 하였다. 외국인 근로자들은 주말에 이동을 많이 하므로 수원 전철역에서 이들을 많이 만날 수 있었다. 외국인들은 교회에 머무는 시간이 길지 않다. 산업연수생들은 3년이 되면 본국으로 돌아가야 하고, 불법 체류자들은 불안해서 한곳에 오래 머무르지 아니한다. 그리고 유학생들도 오래 체류할 수 없다. 따라서 계속 전도하지 아니하면 출석 인원이 금방 줄어든다.

전도를 하게 되면 문제가 있는 외국인들을 만나게 되고, 그들의 문제를 해결할 수 있도록 도와주게 되고, 교회로 출석하도록 권유할 수 있다. 전도지에도 임금체불 문제 해결, 건강 문제 해결, 그리고 한글교육 등에 대하여 광고를 한다. 이러한 노방전도의 문제점은 문제를 가진 외국인들과 접촉이 쉽고 교회로 인도할 수 있는 장점이 있는 반면, 진정한 복음보다는 문제 해결에 더 관심을 가진 사람들과 주로 접촉하기 때문에 문제가 해결되거나, 반대로 해결되지 못하거나 하면 교회를 금방 떠나가게 된다는 것이다. 그러므로 노방전도에 의하여 교회와 연결된 외국인들에게는 그들의 문제 해결을 위해 지속적으로 기도하고, 도와줄 수 있는 전문가가 필요하고, 그리고 영적으로 어둠에서 빛으로 나아올 수 있도록 돌봐 줄 리더가 필요하다. 필자의 아내가 젊었을 때에 노동부에서 근무한 경력이 있어서 임금체불 문제 해결 등을 잘 도울 수 있었지만 필자 부부가 감당하기에는 역부족이었다. 훈련된 자원봉사자들이 그룹 리더가 되어 5명 안팎으로 영적인 것과 생활의 필요 등으로 돌보며 문제 해결을 위해 기도할 필요가 있음을 깨달았다.

그리고 필자는 거의 노방전도에만 의지했지만, 공장이나 숙소 등을 찾아간다든지 개인적으로 만날 수 있을 때 개인 전도를 수시로 하고, 명절 때는 위로회, 소풍, 체육대회 등의 행사를 주최하여 간접적인 전도가 되도록 더욱 활발히 활동했으면 하는 아쉬움이 있다.


## (3) 긍휼 사역

여기서는 LTM이 외국인들의 임금체불 문제를 해결해 준다거나, 직장을 구하는 외국인들과 회사와의 연결을 해 준다거나, 아픈 외국인이 있으면 외국인들을 위해 무료 또는 저렴한 치료비로 진료해 주는 병원으로 데려 가는 등의 사역을 긍휼 사역으로 칭하고 이에 대하여 설명하고자 한다.


### 임금체불 문제 해결
외국인 근로자들에게 흔히 있을 수 있는 문제는 바로 임금체불 문제이다. LTM이 경험했던 외국인 근로자 임금체불 유형은 다음과 같다.


가. 계약에 의해 정상적으로 입국하여 일하던 외국인 근로자가 무단으로 근무지 이탈을 하는 관계로 임금을 지불받지 못한 경우.

나. 정상적으로 근무를 하다가 동료와 싸우거나 회사 규칙을 어김으로 인하여 사업주로부터 출국통고를 받고 근무지를 이탈하여 도망친 관계로 임금을 받지 못한 경우.

다. 사업주의 무리한 노동 요구로 인하여 근무 조건이 나은 다른 업체로 이직함으로 인하여 발생한 임금체불.

라. 사업주의 자금난에 의한 임금체불(대부분 이 경우가 많다).

마. 불법 체류자를 고용하여 사업주가 불법 체류의 약점을 이용하여 고의적으로 체불하는 경우.

바. 외국인 근로자들의 무지를 이용하여 퇴직금을 지급하지 않은 경우.

크게 위와 같이 분류할 수 있지만 여러 가지 상황에 따라 특별한 경우들도 있다. 어쨌든 임금체불은 나라에서 강력하게 금하는 잘못이므로 무단 이탈자와 불법 체류자의 임금일지라도 사업주는 반드시 지불해야 할 의무가 있다.[7] 이 임금체불 해결을 위하여 LTM이 습득한 방법은 다음과 같다. LTM은 외국인이 신청해 올 때마다 거의 모든 임금체불 문제를 해결하였다. 사업주와의 갈등도 있었고, 관공서에 출석하여 많은 시간을 들이는 등 어려움 점도 많이 있었지만 대부분 타결을 보았다.

---

7) <u>근로기준법 제10조</u>: 제36조, 제43조(임금 지급), 제44조, 제44조의 2, 제46조, 제56조, 제65조 또는 제72조를 위반한 자는 3년 이하의 징역 또는 2천만 원 이하의 벌금에 처한다. 〈개정 2007.7.27.〉
<u>근로자 퇴직급여 보장법 제31조</u>: 제9조(퇴직금 지급)의 규정을 위반하여 퇴직금을 지급하지 아니한 자는 3년 이하의 징역 또는 2천만 원 이하의 벌금에 처한다.

가. 먼저 행정 절차를 진행하기 전에 사업주를 만나서 대화로 좋은 방향으로 해결점을 모색한다. 어떤 사업주는 정말 어려운 사정이 있어서 체불을 할 수밖에 없는 경우도 있었다. 어떤 경우는 외국인 근로자들이 지시를 잘 듣지 않아 불량을 많이 양산하여 회사에 큰 손해를 입혀서 체불이 된 경우도 있었다. 한국 기업이 살아야 외국인 근로자도 살 수 있기 때문에 먼저 서로의 이야기를 잘 듣고 타협점을 찾기 위해 노력하는 것이 필요하다.

나. 사업주가 완강히 체불임금 지불을 무조건 거부할 경우, 또는 타협한 금액을 지급하기로 약속해 놓고 지불 기일을 계속 늦추거나 약속을 지키지 않을 때 어쩔 수 없이 행정절차를 밟게 된다. 행정 처리는 노동부에 진정을 내는 경우와 외국인 근로자 고충처리 센터에 신고를 하는 방법이 있다. 노동부에 진정을 내는 경우의 절차는 다음과 같다.

- '사업장 소재지 관할 지방노동사무소'에 증빙자료를 첨부하여 진정서 또는 고소장을 제출한다. 인터넷으로도 접수가 가능하다(노동부 홈페이지 www.molab.go.kr).
- 지방노동사무소에서 진정서가 제출된 후 통상 14일 전후로 진정인, 피진정인 함께 출석을 요구한다.
- 담당 근로감독관(특별사법경찰관)이 조사하고 확인한다.
- 근로감독관에 의해 지급명령 혹은 청산각서가 작성되며, 기일 내 지급 시 진정 및 고소를 취하한다.
- 미지급 시에는 형사입건 후 사업주를 형사 처벌하며, 통상 체불액의 10% 선의 벌금이 부과된다.
- 임금 미지급 시 근로감독관 발급 '체불금품(체불임금)확인원'을

지참하여 대한법률구조공단 사무소(홈페이지 www.klac.or.kr)에
민사소송을 신청한다(무료법률구조사업).

## 구직 문제 해결

외국인들에게 필수적인 것은 직장을 구해서 돈을 버는 것이다.
한국에 들어온 목적은 돈을 벌기 위해서이다. 산업연수생으로 들어
온 경우는 계약된 직장에서 일해야 하기 때문에 마음대로 이직을
할 수가 없다. 그러나 난민 신청을 한 외국인들이 의외로 많아서
이들이 직장을 구하는 경우가 많다. 예전에는 베트남인들이 많았는
데, 요즘은 미얀마인들이 난민 신청을 많이 한다.[8] 일단 난민 신청
을 하면 심사하는 2 – 3년간은 합법적으로 한국에 체류할 수 있다.
LTM에서 같이 사역하였던 미얀마인 전도사와 나이지리아인 목사
역시 난민 신청자였다. 이 난민 신청의 법률적 절차를 위해서도 우
리의 도움을 요청해 오기도 하였지만, 주로 이들 난민 신청자들은
여기저기 다니면서 구직을 한다. LTM은 이들을 직장과 연결해 주
기 위해 노력하였다. 한국의 업체들도 불법 체류자들을 고용하는
것보다 합법적인 난민들을 고용하는 것이 더 유리하기 때문에 많은
난민 신청자들을 직장과 연결해 주었다. 처음에는 구인광고를 보고
업체를 찾아서 연결하였고, 한 번 연결된 업체는 근로자가 필요할

---

8) 2000년 3월과 5월 버마 민주동맹(NLD) 한국 지부 소속 불법 체류 미얀마인 20명이 한국 정
부에 집단으로 난민 인정 신청을 하였다. 이들은 미얀마 군사 독재 정권에 대한 반정부 활동을
국내에서 조직적이고 집단적으로 한 사람들이었다. 미얀마인의 난민 신청은 정치적, 인종적, 종
교적 이유로 자국으로부터 차별이나 박해를 받고 있다고 주장하는 마이너리티들이 우리 정부
에 단체로 난민 인정 신청의 가능성을 여는 역할을 하였다. 외국의 마이너리티 집단이 국내 난
민 지원단체들과 연대하여 활동할 경우 국내 언론이나 인권단체들이 그들의 문제를 한국 사회
에서 보다 확대하여 이슈화함으로 대중의 지지와 관심을 유도하게 되고, 이로 인해 여러 나라
에서 온 외국인들의 난민 인정 신청이 확산되는 결과를 가져왔다(김주자 2003, 45 – 46).

때 LTM으로 연락을 해 주었다. LTM이 직장을 잘 연결해 준다는 소문이 돌자 불법 체류자들도 와서 직장을 구해 달라고 하여 곤란을 겪게 되었다. 불법 체류자들을 연결해 줄 수도 없고, 연결해 주었다가 적발되면 고용한 업체도 벌금을 물어야 하기 때문이다.

직장을 연결해 주면서 필자의 사모는 필자의 반대에도 불구하고 근로자들이 본 교회를 출석하고 그리고 믿음으로 십일조를 할 것을 다짐받았다. 직장을 구한 후 일부 외국인들은 교회 출석도 잘하고 진정한 마음으로 믿음의 십일조를 하였다. 그러나 대다수는 교회 출석도 형식적이거나 아예 하지도 않고, 십일조도 나누어서 일부만 본 교회에 하든지 아니면 전혀 하지 않았다. 필자는 긍휼을 베풀 때에 신앙적이고 종교적인 것이지만 조건을 제시하는 이러한 부분에서 사모와 갈등을 가졌지만 이 구직을 해 주는 일을 사모가 주체적으로 하였기 때문에 어떻게 할 수가 없었다. 결국 나중에 정부 관리들이 이러한 내용을 알고서 필자의 사모에게 십일조를 요구하는 것은 직장 알선의 소개료를 요구하는 것과 같이 인식될 수 있다는 이야기를 해 주어서 그만두게 되었다. 어쨌든 긍휼 사역은 어떠한 조건도 내걸지 말아야 한다는 것이 결론이다. 비록 도움을 받은 사람들이 우리를 떠나가고, 우리의 사랑에 대하여 되돌려주는 것이 없다고 하더라도 이 일은 그리스도의 사랑을 가지고 해 나가야 하는 것이다.


의료문제 해결

다음으로 외국인들의 건강에 이상이 생겼을 때에도 큰 문제이다. 직장에서 사고를 당해서 산업재해 보상보험 처리가 가능한 것들은 괜찮지만 그렇지 않은 질병들에 대해서 병원을 찾아가는 문제, 치료비 부담 등의 문제들을 안고 있다. 직장이 없는 난민들과 불법 체류자들의 경우는 더욱 심각하다. 이 의료문제를 해결하기 위해 외국인 지원단체인 외국인 이주 노동자대책협의회와 희년선교회 등에서 의료공제회를 만들어 운영하고 있다. 외국인들이 매달 얼마씩 회비를 내게 되면 건강에 이상이 생겨서 병원에 치료를 받을 경우 의료공제회를 통해 의료비의 일부를 지원받게 된다. 이 의료공제회를 LTM에서는 운영하지는 못하고 외국인들을 다른 기관의 의료공제회와 연결해 주었다. 그러나 외국인들이 꾸준히 회비를 내지 못하고 중간에 포기하는 경우가 많아서 실제 병이 나서 도움을 받으려고 할 때 큰 도움이 되지 못하였다.

서울 청량리에서 1989년 노숙자들을 대상으로 사역을 시작했던 다일공동체(대표: 최일도 목사)에서 기독교 최초로 2002년 개원한 무료병원(다일천사병원)이 외국인 근로자들도 혜택을 보게 하고 있는데, 이러한 병원이 외국인들에게 큰 도움을 준다. 그리고 2004년에 외국인 노동자의 집·중국동포의 집(대표: 김해성 목사)에서 개원한 외국인 노동자 전용의원도 마찬가지이다. LTM에서는 몸이 아픈 외국인들을 이러한 병원으로 데리고 가서 치료를 받게 해 주는 일을 주로 하였다. 어떤 경우는 급하게 수술을 해야 할 경우도 있고, 장기간 입원을 요하는 경우도 있었다. 이러한 병원들은 주로 신앙이 좋은 다른 병원 의사들이 자원해서 자기 병원 근무시간 외에 나와서 외국인 등 어려운 사람들을 돌봐 주고, 수술도 하고, 치료해 주었다. 이렇게 운영을 하지만 경영이 어렵다고 한다. 한국교회가 이 사역에 힘을 더 보태어야 할 것이라고 생각된다.

필자가 목회학 박사과정 수학을 위해 미국에 1년 반 정도 머무는 동안 제일 어려운 것이 몸이 아플 때였다고 생각된다. 하루는 밤새도록 복통을 앓아도 911을 부를 수가 없었다. 비용이 얼마가 나올지 모르기 때문이었다. 유학생 보험을 들도록 되어 있지만 혜택이 아주 적은 것이고, 기본적인 비용은 본인이 부담을 해야 하기 때문에 경제적으로 여유롭지 못한 유학생들의 경우 이 보험도 도움이 되지 못한다. 필자가 머무르고 있는 미시시피 주 잭슨 시의 한 침례교회가 어려운 사람들을 위해 자선병원(병원명: Mission First)을 운영하고 있지만, 자원 봉사하는 의사들이 진료를 하기 때문에 진료받기 위해서는 여러 날 동안 대기해야 한다. 그리고 진료도 거의 기본적인 것에 한정되어 있다. 유학생들의 이야기를 들어 보면 안 아프도록 기도하는 수밖에 없고, 웬만하게 아픈 것은 참고 넘어가야 한다는 것이다. 미국교회도 외국인들에 대하여 이러한 부분에 더 관심을 기울여야 할 것이라고 생각된다. 미국에 유학 중이었던 필자가 이러한 어려움을 느꼈다면 한국의 외국인 근로자들은 더 어려움을 느낄 것이 분명하다.

## (4) 쉼터 운영

LTM의 쉼터 운영은 필자의 집을 이용해서 소규모로 하였다. 필자의 집은 수원역에서 도보로 약 15분 거리에 있어서 위치적으로 좋았다. 마침 별도의 화장실과 부엌이 있는 전세로 빌려 주고 있었던 방이 비게 되어서 그 방을 쉼터로 사용하였다. 겨우 5명 정도 잠을 잘 수 있는 작은 방이어서 효과적인 쉼터 운영이 되지 못하였다. 단지 일시적으로 직장을 잃은 외국인들이 와서 잠깐씩 머무르고 가는 정도였다. 그리고 신학교에 다니던 미얀마인 전도사가 토요일에 와서 머물다가 주일날 돌아갔다. 한번은 주일 오후에 축구 경기 때문에 캄보디아인들이 많이 모이게 되었는데, 우리 쉼터로 와서 저녁 식사를 캄보디아 민속음식으로 만들어서 함께하기로 하였다. 그런데 너무 장소가 좁아서 도저히 수용이 어려워서 제대로 식사 교제를 하지 못하였다.

외국인 사역에 있어서 쉼터는 필수적인 것 같다. 외국인들이 일주일 동안 힘들게 일하고 토요일에 함께 모여서 민속음식도 만들어 먹고 고국 소식도 들으면서 교제하다가 주일에 예배를 드리고 직장으로 돌아갈 수 있는 쉬는 공간이 필요하기 때문이다. 쉼터를 마련하기 위해서는 자금이 필요하다. 지역교회가 외국인 사역을 한다면 쉼터를 마련하기가 쉽겠지만, 개인이 운영하는 선교회에서는 벅찬 부분이다. 어떤 단체에서는 한 민족만 모이기 때문에 외국인들이 한 달에 1－2만 원씩 회비를 내어 월세를 지불하면서 쉼터를 마련하는 것을 보았다. LTM은 다민족 모임이어서 외국인들 스스로가 회비를 내어 마련할 정도로 단결되어 있지 못하였다.


## 3) 사역 평가

처음 외국인 사역을 시작할 때 나그네에 대한 순수한 사랑과 복음 전파에 대한 사명에 불탔다. 그러나 찾아오는 외국인들이 때로는 속이기도 하고, 여러 교회에 적을 두고 도움만을 바라는 모습을 보면서 순수한 사랑이 식어 버리는 것을 경험하였다. 그들을 주님처럼 끝까지 사랑했다면 그들도 그 사랑을 깨달을 때가 왔을 것이다. 그들이 떠돌아다니는 것도 다른 이유도 있겠지만 사역자들의 사랑이 부족한 데서 기인하는 것이다. 수영로교회 정필도 목사가 그의 저서 『교회는 무릎으로 세워진다』에서 간증한 것처럼 교회에서 미운 짓 하는 성도들을 사랑하는 마음이 우러나올 때까지 기도하였다면 사역에 많은 진전이 있었을 것이라고 생각된다.

외국인 신학교에서 필자가 가르쳤고 본 교회에서 전도사로서 사역을 한 미얀마 형제가 끝내 우리 곁을 떠났다. 이 형제에게 교회에서 교통비와 전화요금 등을 사례로 지급하였는데, 풍족하지 못하였다. 이 형제가 어떤 재력이 있는 여집사 한 분을 알게 되어 금전적인 후원을 받게 되자 교회에 소홀하게 되고 우리의 미움을 받아 결국 교회를 떠나게 되었다. 많은 노력을 들여 양육해 온 형제를 좀 더 인내하지 못하고 잃게 된 것이 큰 상처로 남아 있다.

출발할 때 사명선언을 하였고 여러 가지 비전을 가지고 있었지만 그 사명을 계속 기억하고 비전을 교회에 전달하는 일이 부족하였다. 사명선언문을 작성할 때 사역자가 혼자서 작성한 것도 잘못이다. 교회 멤버들이 함께 성경을 근거로 하여 작성했더라면 더욱 좋은 결과를 가져왔을 것이다. 서투르게 작성되었던 사명선언문의 일부는 이렇게 되어 있다. "사도행전 1장 8절 말씀과 디모데후서 3장 16-17절 말씀에 힘입어 예수 그리스도의 복음을 땅 끝까지 전하며 가르쳐 지키게 하여 예수 그리스도의 분량까지 자라게 함을 목표로 한다." 그리고 비전들은 있었지만 그것을 구체적으로 정립하지 못하였다. 비전이라고 볼 수 있는 것 중의 하나는 외국인 선교 신학교를 세우는 것이었는데, 이것은 현실과 동떨어진 비전

설정이었다고 본다. 이렇게 사명과 비전 설정이 약하다 보니 사역 철학도 분명하지 못하였다. 그 결과 복음을 전파하는 데에만 그쳤고, 제자훈련을 통하여 가르쳐 지키게 하는 사역을 하지 못하였다. 아주 중요한, 말씀으로 양육하는 부분에서 결정적으로 부족한 모습을 보였다.

다른 외국인 공동체와의 연합 사역을 소홀히 한 것도 바로 비전을 구체화하지 못한 결과라고 생각된다. 처음에는 연합모임에 같이 동참을 하였지만 LTM 교회는 다민족교회여서 한 종족만의 연합 모임에 참석하기가 용이하지 않았다, 그리하여 자연히 연합활동이 잘 이루어지지 않았는데, 전체 외국인 사역의 발전을 위해서는 넓은 안목을 가지고 연합하는 모습이 필요했다. 결국 사명과 비전, 그리고 사역철학의 부재로 인한 목적 없이 가는 교회였다.

섬기는 사역에 있어서 필자의 사모의 역할은 지대하였다. 결혼하기 전 노동부에서 8년 여 직업훈련 관리 감독 등을 한 경험이 있어서 체불임금 해결과 새로운 직장을 찾아 주는 등의 사역에 있어서 괄목할 만한 성과가 있었다. 그리고 천사병원 등 무료병원을 찾아서 외국인들이 갑자기 수술을 필요로 한다거나 진찰을 필요로 할 때 최선을 다해 섬겼다. 이러한 섬김의 사역을 통해서 많은 외국인들이 본 교회를 찾았다. 단지 생각해 볼 문제는 필자의 반대에도 불구하고 사모가 직장을 구해 줄 때 십일조를 꼭 하라고 다짐하였는데, 이것이 문제를 일으키게 되었다. 관공서의 불신 직원들은 마치 이것이 직업을 구해 주고 사례를 받는 것으로 오해할 만한 것이었기 때문이다. 물론 강제적으로 십일조를 징수하지는 않았으므로 헌금하는 사람도 있고, 하지 않는 사람도 있었지만 오해할 수 있는 부분이었다. 결국 나중에 이러한 오해로 인한 충격으로 직장을 구해 주는 사역을 사모가 기피하게 되는 결과를 가져왔다.

외국인 사역에 있어서는 쉼터를 마련하는 것이 필수적이다. 최소한 20-30명이 모일 수 있는 공간이 필요하다. LTM의 쉼터는 5명 정도가 모일 수 있는 좁은 장소였다. 쉼터를 마련하는 방법은 후원자를 모집하는 방법이 있고, 외국인들이 한 달에 1-2만 원씩 회비 형식으로 내어서 월세를 마련하는 방법이 있다. 방법은 알고 있었지만 실제로 쉼터를 적극적으로 구하지 못한 것이 교회의 침체의 원인 중의 하나였다.

LTM의 6년간의 사역의 열매는 크게 남지 않았다. 그러나 그동안 외국인 근로자들의 체불임금, 취업, 법적 문제를 해결한 건수는 총 84건 정도에 이른다. 한 건은 재판에까지 회부되었는데, 우리 부부가 미국에 간 지 1년여가 되었을 때에야 해결되었다는 연락이 온 것도 있다. 사역기간 동안 한 번이라도 다녀간 출석 인원은 총 209명 정도이다.[9] 필자가 사역 후 미국에서 수학하는 동안에도 2-3명은 서로 이메일을 주고받으며 안부를 전하곤 하였다. 그리고 수학 후 귀국한 후에도 가끔 찾아오고 연락하는 형제들이 있다. 하나님 일의 성공과 실패는 겉으로 나타난 것으로 판단할 수 없다. 우리가 하나님 앞에 섰을 때에야 비로소 정확한 결과를 알 수 있

---

9) 문제를 해결한 건수를 외국인 출신 국가별로 보면, 미얀마 30건, 나이지리아 2건, 파키스탄 2건, 스리랑카 1건, 모리셔스 1건, 태국 8건, 인도 6건, 중국 9건, 방글라데시 2건, 캄보디아 2건, 인도네시아 7건, 네팔 2건, 필리핀 2건, 몽골 5건이다. 그리고 교회 출석 외국인들의 수를 출신 국가별로 보면, 몽골 50명, 필리핀 5명, 미얀마 50명, 모리셔스 1명, 중국 10명, 인도 10명, 태국 20명, 캄보디아 30명, 파키스탄 2명, 스리랑카 5명, 인도네시아 15명, 네팔 10명, 나이지리아 1명이다. 이 수치는 필자의 사모 김선자 회장이 일지를 기록하고 기억을 되살려 산출한 것이다.

다. LTM의 일도 겉으로는 초라하다. 그러나 부족하지만 나름대로 최선을 다했고, 사역의 열매가 당장에 눈에 보이지 않을지라도 우리와 교제했던 외국인들을 통해서 작은 열매들이지만 점차 나타날 것을 기대해 본다.

이제 LTM 사역을 다시 시작한다면 회복해야 할 부분들을 요약해서 정리해 보기로 한다.

첫째, 교회의 사명 선언문과 비전을 새롭게 해야 할 것이다. 이 부분을 교회 공동체가 같이 만들어 가는 것이 바람직하다.

둘째, 사명과 비전을 계속 멤버들과 나누도록 한다. 설교를 통해, 제자 양육을 통해, 그리고 다른 프로그램들을 통해 사명과 비전을 계속 기억하고 목적이 분명한 교회가 되도록 한다. 릭 워렌 목사는 교회의 목적을 적어도 한 달에 한 번은 교인들에게 되새겨 주어야 한다고 하면서, 전달하는 방법으로 성경 진리를 가르침, 상징들과 구호들을 사용함, 이야기들로 전달함, 구체적인 행동지침을 주는 등의 방법을 소개하고 있다(2005, 128 – 131). 이러한 전달 방법들을 연구해서 멤버들과 사명과 비전을 나누고, 함께 이를 위해 나아가도록 한다.

셋째, 단순히 예배만 드리고 교제하고 헤어지는 것이 아니라, 멤버들이 그리스도의 제자가 되도록 돕는다. 예수님의 지상명령에서도 세례를 주고 주님의 말씀을 가르쳐 지키게 하라고 하셨다. 가르쳐 지키게 하는 것은 제자 훈련을 통해서 이룰 수 있다. 릭 워렌 목사의 새들백교회는 단계적으로 예배 출석자들을 교인으로 만들고, 단순한 교인들을 성숙한 교인들로 키우고, 그리고 성숙한 교인들을 사역자로 만들어 가는 훈련 프로그램을 가지고 있다. 이와 같은 훈련 프로그램을 본 교회의 사정에 맞게 고안하여 진정한 그리스도의 제자를 양육하는 것이 주님께서 간절히 원하시는 일이다.

넷째, 변함없는 사랑으로 돌보면서 지친 멤버들이 교회에 와서 쉴 수 있는 환경을 마련하도록 한다. 마땅히 돌보아 주는 사람이 없는 낯선 곳에 나그네로 와 있는 그들에게 따뜻하고 변함없는 사랑을 베풀어 줄 때 그들은 교회로 모이게 된다. 외부의 병원들과 각 선교단체 등과 연합하면서 건강을 돌보아 주고, 문제를 해결하는 사역은 외국인 근로자들에게는 절실한 것이다. 그리고 일주일에 하루라도 같이 모여서 민속음식을 나누고 서로 위로하고 친교를 나눌 수 있는 충분한 쉼터를 마련하는 것이 꼭 필요하다.

다섯째, 외국인 근로자 사역 훈련을 받은 전문적인 사역자가 외국인 근로자 사역을 담당해야 한다. 필자와 필자의 사모 역시 전문적인 사역자가 아니었으며, 동역했던 나이지리아인 목사와 미얀마인 전도사 역시 훈련받은 사역자가 아니었다. LTM의 사역자 중에서 외국인 근로자 사역에 대한 세미나에 참석한 경험을 가진 자도 없었다. 전문적인 훈련에 근거한 준비되고 계획적인 사역이 아닌 순수한 믿음으로만 출발하여 많은 시행착오를 겪는 사역이었다. 외국인 근로자 사역을 위한 세미나뿐만 아니라 실제 잘 운영되고 있는 선교단체 또는 지역교회의 외국인 사역 현장에 참여하여 훈련받는 것도 전문 사역자가 되는 하나의 방법이라 생각된다. 교회의 다른 사역들과 마찬가지로 외국인 사역에서도 사명감과 더불어 전문적인 훈련을 받은 사역자가 꼭 필요하다. 필자가 전임으로 섬겼던 RTS 목회학 박사과정이 미국으로 철수하는 관계로 필자가 예배 장소를 빌려 사용했던 교회에 LTM 멤버들을 부탁하고 필자는 학교 일을 섬기는 동시에 목회학 박사과정(선교학 전공) 공부도 하기 위해 미국으로 유학을 갔다. 몇 명 남지 않은 멤버들이어서 모임이 계속되기가 어려웠던 것은 사실이지만, 그 교회에도 전문적인 사역자가 없었기 때문에 외국인 영어 예배를 계속 이어 가지 못하였다. 교회 담임목사님도 선교에 사명이 남다른 분이었지만 외국인 근로자 사역에 대한 전문적인 일꾼이 없었기 때문에 계속적으로 이어 가기가 어려웠다고 생각된다. 한국의 외국인 근로자 사역의 초기부터 시작해서 현재 독립된 교회당을 마련할 정도의 성공적인 사역을 펼쳐 온 암미선교회 대표 김영애 선교사는 필자의 설문에 답하면서, 외국인 사역에서 가장 어려운 것이 바로 유급과 무급을 불문하고 전문 사역자의 부족이라고 하였다.

# 종합 및 새로운 모델

이상의 문제 분석과 연구 결과를 근거로 한국교회의 자국 내 외국인 선교의 활성화를 위한 하나의 대안으로서 외국인 선교전략의 모델을 미국 브라이어우드 장로교회를 중심으로 제시한다. 우선 한국교회의 자국 내 외국인 선교의 장애 요인에 대하여 살펴보고, 다음에 브라이어우드교회에 대한 일반적인 사항과 선교철학과 외국인 선교전략 등을 소개하면서 어느 범위에서 어떤 방식으로 한국교회에 적용시킬 것인가를 제시하려고 한다.

## 1. 한국교회의 자국 내 외국인 선교의 장애 요인들

앞 장에서 외국인 사역을 하고 있지 않는 교회 49개 교회가 왜 사역을 하고 있지 않은지에 대하여 답한 것을 보면, 39개 교회(79.6%)는 필요성을 느끼고 있으며 이 중 앞으로 사역을 하기 위해 준비하는 교회가 9개 교회(18.4%)가 되었고, 일꾼이 없어서(13개 교회, 26.5%), 재정적으로 어려워서(8개 교회, 16.3%), 그리고 사역방법을 몰라서(15개 교회, 30.1%) 못 하고 있다고 하였다(이유를 2가지 이상 답한 교회도 있다). 이 결과를 놓고 볼 때 한국교회의 자국 내 외국인 사역의 가장 큰 장애는 사역방법을 모른다는 것이며(30.1%), 다음은 일꾼 부족이라고 볼 수 있다(26.5%).

역시 현재 외국인 사역을 하고 있지 않는 49개 교회를 대상으로 한, 외국인 사역을 위하여 가장 필요한 것이 무엇인지에 대한 물음에, 21개 교회(42.9%)가 자원봉사자라고 하였고, 20개 교회(40.8%)가 선교전략이라고 답하였다. 첫째는 일꾼이 필요하고, 둘째는 선교전략, 즉 사역방법을 알아야 할 필요가 있다는 것이다.

이 결과와 연관되는 것으로 외국인 사역에 대한 정보를 가지고 있는 정도에 대한 질문에 29개 교회(59.2%)가 '매우 조금' 또는 '조금' 가지고 있다고 답하였다. 외국인 선교전략에 대한 세미나 등의 교육에 대한 필요성을 묻는 질문에도 42개 교회(85.7%)가 '필요하다' 혹은 '아주 필요하다'고 답하였다. 또한 미국에서 모범적으로 외국인 사역을 하는 교회의 선교전략을 소개하면 도움이 될 것인가라는 질문에도 47개 교회(95.9%)가 '도움이 된다' 또는 '매우 도움이 된다'라고 답하였다.

사역을 하고 있는 6개의 지교회에서는 자원봉사자 부족, 선교전략 부재, 그리고 유급 사역자 초빙 문제가 대등하게 어려운 점으로 여겨지고 있고, 외국인 선교단체에서는 사역비 조달과 자원봉사자 부족이 어려운 점이라고 답하였다. 필자 역시 LTM 사역을 되돌아볼 때 사역자들이 전문적이지 못한 면도 장애 요인이었고, 쉼터 마련 등의 재정적인 문제도 큰 어려움이었다. 앞 장에서 제시된 외국인 지원단체에 대한 설동훈 교수의 조사에서도, 지원단체의 수입과 지출 내역에서 단체들의 한 해 평균 수입이 7,030만 원 정도이고 평균 지출은 9,051만 원 정도로, 한 해에 적자가 2,021만 원이 되는 것을 보면 재정적인 어려움이 큰 것을 알 수 있다. 이 재정적인 어려움의 결과로 지원단체 활동가의 노동시간과 급여를 살펴보면 시간에 비해 급여가 형편없이 낮은 수준이다. 이들은 1주일에 평균 41시간 정도 일하고 월평균 53만 원 정도의 급여를 받는 것으로 조사되었다. 일주일에 쉬는 날은 평균 1일 정도이다. 그리고 사회보험 가입 혜택도 활동가들은 거의 받지 못하고 있는 것으로 나타났다. 지원단체의 활동가들이 사명감에서 업무에 대한 만족도는 높은 것으로 조사되었지만 재정적인 후원이 뒷받침되지 않을 때 사역에 큰 지장을 가져오는 것은 분명하다.

지교회들은 비교적 재정적으로는 교회의 선교비 지원에 의해 큰 어려움을 겪지는 않지만 선교단체들은 재정적인 문제가 큰 어려움이다. 지교회는 주로 선교전략과 자원봉사자 모집의 문제를 해결하면 자국 내 외국인 선교에 큰 역할을 할 수 있다. 외국인 선교단체들도 물론 필요하지만, 재정적인 문제에서 비교적 자유로운 지교회들이 자국 내 외국인 선교의 사명을 가지고 적극적으로 선교전략을 배우고, 한국교회 전체와 선교단체 등을 망라하여 협력 체제를 갖추어 일꾼을 양성하고 정보를 교환하는 것이 외국인 선교의 발전을 위한 지름길이 될 것이다.


## 2. 브라이어우드 장로교회 소개


미국교회 중 자국 내 외국인 선교에 있어서 모델 교회인 브라이어우드 장로교회가 어떠한 교회인가를 알기 위해서 일반적인 교회에 대한 소개와 더불어 사역원리들, 사역전략, 그리고 교회의 가치들에 대하여 살펴보고자 한다.


## 1) 일반적인 교회 소개


브라이어우드 장로교회는 프랭크 바커 목사에 의해 미국 앨라배마 주 버밍햄에 1960년 설립되었다. 개혁주의를 표방하는 보수적인 장로교회로서 미국 PCA(Presbyterian Church in America) 교단의 중심적인 교회이다. 이 교회는 처음에는 PCUS(Presbyterian Church in the United States) 교단에 속했으나, 예수 그리스도의 신성과 성경의 권위와 무오를 부인하는 PCUS의 자유주의 신학 노선을 반대하여 탈퇴하고 앞장서서 PCA를 창설하였다. 정통 신앙을 지키기 위해 PCUS에서 분리되어 나온 교회들은 1973년 12월에 앨라배마 주 버밍햄의 브라이어우드 장로교회에 모여 PCA를 조직하였다. 브라이어우드교회의 최근 출석 교인은 약 4,100명으로 추산되고 있으며, 인근 대학교 전도, 버밍햄 신학교(Birmingham Theological Seminary) 운영, 그리고 'Young Business Leaders' 사역 등을 감당할 뿐만 아니라 전 세계에 많은 교회를 개척해 오고 있다(Wikipedia 인터넷 백과사전). 특별히 버밍햄에 이주해 온 외국인들에 대한 사역을 모범적으로 실시하고 있으며, 현재 한국인 예배, 일본인 예배, 그리고 히스패닉 예배를 별도로 드리고 있다.

1999년 바커 목사는 40년 동안 담임목사로서 사역을 하고 은퇴하였으며, 현재 2대 담임인 해리 리더 목사가 뒤를 이어 시무하고 있다. 바커 목사는 겸손함과 뛰어난 영성으로 많은 성도들과 후배 사역자들에게 큰 영향을 끼쳐 왔다. 필자도 RTS 목회학 박사과정 수업을 바커 목사님으로부터 직접 받은 적이 있는데, 강의도 성경 중심이며, 설교도 성경 중심이고, 목회도 성경 중심으로 해 오셨다는 것을 깨달을 수 있었다. 후임인 리더 목사는 그의 저서 『다시 불길로 타오르게 하라』는 제목이 시사하는 바와 같이 교회 재활성화에 특별한 은사를 가지신 분이다. 그래서 한국의 사랑의 교회에서 주관하는 '교회 재활성화 세미나'에 바커 목사와 리더 목사가 강사로 초대되어 왔으며, 따라서 두 분은 한국교회에도 잘 알려져 있다.


## 2) 브라이어우드의 사역 원리들


브라이어우드교회가 표방하는 사역 원리들은 다음과 같다. 이 원리들은 브라이어우드교회의 인터넷 홈페이지(www.briarwood.org)에 실린 내용을 필자가 번역하였다. 이 사역 원리들을 사역철학이라고도 부를 수 있을 것이다. 브라이어우드교회의 개척자 바커 목사님은 개척 초기부터 성경에 근거하여 사역철학과 가치들에 관하여 정립해 왔으며, 이를 교인들에게 전달하고 이를 기초로 교인들과 함께 교회를 세워 왔다. 이러한 정신은 물론 2대 담임목사에게도 잘 이어져 발전된 형태로 교회의 사역원리들로 정립되었고 이에 의하여 모든 사역이 이루어지고 있다. 한국교회도 잘하고 있는 교회들이 있지만, 브라이어우드교회를 교훈 삼아 각 교회가 성경에 근거한 사역원리들을 개발하여 그 원리에 입각한 건강하고 역동적인 교회를 목회자와 교인들이 함께 세워 나갈 필요가 있다.

브라이어우드의 사역 원리들

성경적 용어인 '언약'은 한 그리스도인의 삼위일체 하나님, 교회, 그리고 성도들 간의 거룩한 관계를 묘사한다. 브라이어우드에서 이 사랑스러운 관계들은 우리가 어떻게 배우고, 살고, 그리고 봉사하는가를 특징짓는다. 다음은 7가지 주요 사역 원리들이다 (www.briarwood.org).


성경

성경은 우리 주님을 높이고, 교회를 세우며, 그리스도인을 양육하고, 그리고 하나님의 나라를 확장하는 데에 있어서 하나님의 말씀이 가르쳐지고 설교되는 것이 최우선이라는 것에 관하여 명백하다. 브라이어우드에서는 성경에 따라 성도들을 훈련하는 헌신이 우리의 공동체와 전 세계에 소금과 빛이 되는 우리의 목적과 소원을 이루기 위한 근본적인 사역원리가 된다. "이는 친히(그리스도께서) 만물의 으뜸이 되려 하심이요(골 1:18)."

매 주일 오전과 저녁에 우리의 목사요 교사인 해리 리더가 성경의 책들에서 깊이 있고 적절한 연구들을 그리스도인의 매일의 삶의 적용과 함께 제시할 때, 성경말씀을 들음과 신실한 설교로부터 유익함을 얻는 기회가 제공된다.

우리의 설교 사역의 연장으로서 리더 목사는 월요일부터 금요일까지 하나님의 말씀 강해를 지역과 전국 많은 라디오 방송국에서 'InPerspective(역자 주: 원근법에 의하여)'라는 프로그램으로 제공한다. 설교 테이프들은 교회 교인들과 손님들에게 제공되며, 자주 전국적으로 그리고 전 세계에 걸쳐서 방송된다.

우리의 교리체계도 역시 성경적이다. 'Reformed(개혁적)'라는 용어가 우리의 교리적 신앙을 나타낸다. 우리는 'true－to－the－Bible(역자 주: 성경에 합당한)' 신학의 종교개혁 전통에 서 있다. 이것은 우리가 삼위일체와 성경말씀의 무오와 구원이 우리 자신의 어떤 사역이나 공로로부터 오지 않고 오직 주권적인 하나님의 은혜를 통하여 온다는 것을 믿는다는 것을 의미한다.

### 교회

브라이어우드는 교회정치와 교회론에 있어서 성경적인 것을 추구한다. 우리가 견지하는 교회정치의 형태는 'Presbyterian(역자 주: 장로교)'이라고 불린다. 이것은 지역교회가 회중들에 의해 선출된 장로들에 의해서 다스려지는 것을 의미한다. 장로는 말씀 사역을 하는 가르치는 장로와 양 떼들을 돌보는 치리장로로서 두 종류가 있다. 두 번째 교회 직분은 집사인데, 이들도 장로들을 도우며, 교회의 행정과 사역 분야에 평신도 지도자로서 소명에 합당하게 하기 위하여 회중에 의하여 선출된다.

### 예배

함께, 우리는 공동의 예배를 통하여 하나님의 집에서 '주님을 축복하기를' 추구한다.

하나님의 말씀을 설교하는 것에 추가하여, 브라이어우드의 예배는 오래된 믿음의 찬송에서부터 현대적인 합창에 이르기까지 음악 스타일의 조합이 포함된다. 브라이어우드의 예배의 목표는 창조자, 구속자, 그리고 보호자로서의 하나님을 높이는 데에 있다. 그러므로 우리는 하나님의 거룩한 이름에 영광을 돌리기 위해 최고의 음악과 예배를 드리기를 힘을 다해 노력한다. 브라이어우드의 주일저녁예배는 하나님의 말씀이 다시 설교되고 교회 한 가족으로서 하나님을 영화롭게 하기 위하여 찬송가와 현대음악으로 영적인 찬양을 함으로써 긴장을 풀고 회복되는 시간을 갖고, 서로를 격려하고 하나님 아버지 안에서 그의 아들 우리 구주 그리스도를 통하여 성령에 의한 은혜로 말미암은 구원에 대한 메시지를 극대화한다.

## 선교와 전도

브라이어우드는 우리의 이웃과 우리나라와 전 세계로 복음을 전하도록 헌신되었다. 60개 정도의 선교단체에 속한 225명 정도의 선교사들에게 재정적인 협력을 함과 동시에 우리의 세계 선교 노력은 우리의 회중이 전 세계에서의 성령의 운동에 관하여 꾸준히 인식을 하게 하고 선교에 개인적으로 헌신된 부름 받은 자들을 훈련시킨다. 우리의 미국 내 선교에 있어서는, 미국 내의 130명 이상의 선교사들과 50개 이상의 기독교 단체들을 섬기고 돕고 있다.

## 제자훈련

브라이어우드에서 우리는 하나님을 그의 아들을 통해서 알도록 하기 위해 하나님께서 우리를 초청하실 때, 우리가 감사함으로 응답함은 예수 그리스도의 형상을 닮고 그분 안에 거하기를 추구하는 것이요, 다른 사람들과 이 삶을 나누는 것이라고 믿는다.

우리의 주일예배는 단지 하나님의 말씀을 배우고, 제자훈련을 하고, 제자화되는 브라이어우드에서의 많은 기회들 중의 하나이다.

주일학교와 소그룹에서의 교제는 성도가 우리 주 예수 그리스도의 은혜와 지식에서 자라 가기 위하여 다른 사람들과 배우고 나누는 열린 문들이 된다.

각 그룹의 필요에 맞춘 초등부, 중등부, 고등부, 대학부, 독신자부, 젊은 사업가 그룹, 기독교 의료사역부, 그리고 다른 제자훈련 기회들에 추가하여 연중 내내 교회 남녀 성도들을 위한 많은 성경 공부 그룹, 제자훈련반, 나눔과 기도 그룹 등이 있다.

## 공동체를 통한 교제

성경에서, 하나님께서는 많은 회중은 물론 적은 회중이 모여 예배 드리는 신자들의 예들을 제공함으로써 교회를 위한 그분의 모델을 보여 주신다. 가정에서 함께 모임으로써 교회 초기부터 성도들을 위하여 가르침, 격려, 그리고 책임을 나누는 중요한 상호 교제를 발전시킬 필요를 인정하였다. 그것은 처음부터 브라이어우드가 주일학교 공동체와 소그룹, 그리고 공동의 예배에 교인들의 참여를 독려해 온 이유이다.

회중은 기본적으로 모체가 되는 주일학교 각 반과 확장된 소그룹 사역에 소속된다. 이러한 공동체들은 의미 있는 친교, 영적 성장, 그리고 사역 기회들이 창조되는 정규적인 교제의 장을 제공한다. 물론 연중에 공동체가 풍요하게 될 수 있기 위한 환경을 조성하기 위해 고안된 피크닉, 수요 저녁 가족 교제, 남성과 여성 공동체의 모임들 등등 특별한 행사들이 있다.

목사님에 의해 인도되는 구도자반은 브라이어우드의 사역들에 대한 안내를 제공한다. 초청된 분들은 이 클래스를 통하여 어떻게 하나님께서 그들을 교회에서 사용하시는가를 알기 위하여 주님의 지시를 찾도록 격려된다.

### 사역과 봉사

교회는 건물이 아니고 사람이기 때문에 이 몸의 생명과 사역에 교인들의 참여가 중요하다. 성경은 주께서 우리 각자에게 주님의 백성들을 섬기는 데에 사용될 특별한 은사와 달란트를 주셨다고 말한다. 봉사의 기회들은 많이 있다. 브라이어우드에서 120개 이상의 사역 분야에서 교인들의 은사들을 위한 장소와 역할이 되도록 각각 지도자들과 자원봉사자들을 찾고 있다.

## 3) 브라이어우드의 사역전략

브라이어우드교회의 사역전략을 교회 홈페이지에 있는 대로 아래와 같이 소개하고자 한다. 이 사역전략의 핵심은 하나님을 예배하고 세계를 복음화하기 위하여 신자들을 구비시키는 헌신과 전도와 제자도, 교회 개척, 교회 재활성화, 긍휼 사역 등의 주요 사역을 통하여 '진원지교회'가 된다는 데에 있다. 여기서 중요한 것은 전도와 선교가 중요하지만, 우선순위에 있어서 하나님께 진정한 예배를 드리는 일이 먼저라는 것이다. 이것은 전도와 선교도 하나님을 예배하는 데에 목적이 있기 때문이라고 본다. 결국 불신자들에게 복음을 전하는 것은 그들도 함께 하나님을 예배하도록 하기 위한 것이기 때문이다. 한국교회도 예배에 우선순위를 두면서 전도와 선교, 제자화, 교회 개척, 교회 재활성화, 그리고 긍휼 사역 등으로 신자들을 복음화의 일꾼들로 구비시켜 간다면 좋은 결과를 가져올 수 있을 것이다.

Briarwood's ministry strategy(브라이어우드의 사역전략)

하나님의 영광을 위하여, 브라이어우드는 하나님을 예배하고 그리스도를 위하여 버밍햄과 세계를 복음화하도록 신자들을 구비시키는 데에 헌신한다. 새 천 년에 우리의 선교를 성취하기 위하여 브라이어우드는 다음과 같은 사역들을 통하여 '제자 삼기'에 의한 은혜의 복음을 발하는 'EPICENTER CHURCH'(역자 주: 진원지 교회)가 되기를 추구한다.

- 전도와 제자도를 위한 복음의 사역들
- 복음의 교회 개척 주도
- 복음의 교회 재활성화 추진들
- 사랑, 자비, 그리고 정의를 위한 복음의 행위들

이러한 브라이어우드의 진원지로부터 나오는 복음의 진동들이 기도와 전략의 뒷받침 속에서 구역적으로(버밍햄), 지역적으로(앨라배마), 국가적으로(미국), 국제적으로(세계) 하나님의 나라를 확장하는 결과를 가져올 것이다.

브라이어우드의 리더십은 다음의 W.E.L.L.이 있는 교회 안에서 초래되는, '예수 그리스도의 은혜와 지식에서 자라 가는' '건강한' 신자들과 가족들을 배출하도록 고안된 성경적인 '적합한 계획'을 적용하도록 헌신되었다.

Worships Authentically(진정한 예배)

Evangelizes Intentionally(의도적 전도)

Loves Purposefully(목적 있는 사랑)

Learns Consistently(지속적인 배움)

브라이어우드의 교인과 가족으로서 그들 자신과 그들의 자원과 은사들을 신실하신 창조주(벧전 4:19)께 맡기면서, 그들의 구주와의 교제로 자신들을 성경적으로, 그리고 기도하는 가운데 헌신할 때 우리는 하나님을 영화롭게 하고 그를 영원토록 즐거워하게 될 것이다(briarwood.org).


## 4) 브라이어우드의 가치들

다음으로 브라이어우드교회의 가치들을 소개하고자 한다. 교회가 어디에 가치를 두느냐에 따라 사역의 내용이 달라지게 된다. 브라이어우드의 가치들은 우리 한국교회가 무엇에 가치를 둘 것인가에 대한 좋은 참고가 될 것이다.


브라이어우드의 가치들

- 진리인 하나님의 말씀: 불오, 무오 그리고 충족

- 신자들의 삶의 기초, 형식 그리고 동기인 은혜의 복음

- 하나님을 높이고, 그의 백성들을 격려하며, 구도자들을 주님과 구주이신 그리스도에게 이끄는 진정한 예배

- 헌신된 개인 성경공부에 의하여 받쳐지는 하나님의 말씀의 신실한 설교와 가르침

- 모든 교인들이 제자 삼고, 다음과 같은 사역들에 참여함으로
  써 대사명 성취를 추구함:

    UpReach[Worship and Celebration] 상향사역[예배와 축전]

    OutReach[Missions and Evangelization] 외향사역[선교와 전도]

    InReach[Enfolding and Assimilation] 내향사역[포옹과 동화]

    DownReach[Discipleship and Maturation] 하향사역[제자도
    와 성숙]

- '하나님의 양떼'를 부지런히 목양하고 지속적으로 그들 자신
  들을 재생산하는 지도자들을 멘토하고 성숙하게 하는 리더십
  개발

- 복음을 즐겁게 전파하고, 개인적 훈련과 일대일 관계와 전
  교회적 행사들을 포함하는 의도적 전도

- 기도, 성경공부, 그리고 교제를 제공하는 소그룹 모임에서 서
  로의 삶과 직결된 교제를 통한 역동적인 제자도

- 하나님의 백성들 사이에서 의미 있는 교제를 형성함에 있어
  서 목양하고, 동화하고, 그리고 돕는 회중적 공동체들

- 지속적이고, 조직적이며, 집중적인 중보기도

- 성령의 능력, 그리스도의 탁월함, 그리고 하나님의 영광에 의
  하여 이 세상에서 하나님의 목적을 섬김(briarwood.org)

## 2. 브라이어우드 장로교회의 선교전략

이제 브라이어우드교회의 선교전략에 대하여 고찰해 보기로 한다. 여기에 소개된 전략들은 현재 미국의 대형 교회 중 한 교회의 전략으로서, 한국교회가 이 전략들을 참고하되 각 교회의 실정에 맞게 적용하는 것이 필요하다.

브라이어우드교회의 선교 담당목사(Pastor of Missions)인 Tom Cheely 목사에게 브라이어우드의 선교전략에 대하여 문의를 하였는데 Cheely 목사로부터 몇 가지 자료가 이메일을 통해서 왔다 (2007년 10월 15일 받음). 그중에 'Briarwood Global Ministry Team Strategies'(필자 역: 브라이어우드 세계 선교 팀의 전략들)를 번역하여 소개하면 다음과 같다.

A. 우리는 우리 선교비 예산의 75%를 선교사들의 정규적인 매월 지원금으로 하고, 25%는 그들이 일으키는 특별한 프로젝트들을 위하여 예비해 두기로 한다.

B. 우리는 선교 사역이 세계의 '숨겨진 민족'(무슬림, 중국인, 힌두인, 부족들)을 위한 것이라면 우선권을 주기로 한다.

C. 우리는 현재 파송된 선교사들에게 우리의 재정 지원을 증가시켜 갈 것을 결정한다. 단지 다음과 같은 경우에 후원할 새로운 선교사들을 추가해 간다. (1) 그들이 브라이어우드 교인인 경우 (2) 사역을 중단한 선교사들로 인해 공백이 생겼을 때 우리의 내부 그룹들을 통해 교대 사역을 할 경우.

D. 우리는 선교사들의 세계 선교 노력에 다른 교회들을 격려하
  는 데 도움이 되도록 고안된 매년 적어도 하나의 활동에 대
  하여 후원하기로 결정한다.

E. 우리는 하나님의 보좌 앞에서 우리의 선교사들을 후원하면서
  우리 사람들을 그들의 기도사역 안에서 돕기로 결정한다.

F. 우리는 우리 교인들의 선교 사역에 대한 헌신을 고려함에 있
  어서 도전하고 도와주기로 결정한다. 그리고 하나님에 의하여
  새로이 헌신되거나 부름 받은 그들을 하나님의 뜻에 대한 그
  들의 순종을 확신하도록 상담하고 지도할 것이다.

G. 우리는 세계 선교를 위한 헌금의 방법으로 'Faith - Promise'(역
  자 주: 믿음의 약정헌금)를 적극 권하기로 한다.

H. 우리는 현지인들을 그들이 공인된 위원회에 속해 있을 경우 부
  분적으로 지원하기로 결정한다.

I. 우리는 현지인들을 훈련시키는 기독교 단체들을 지원하기로
  결정한다.

J. 우리는 우리의 선교사들의 사역을 그들의 유효성과 성취들로
  써 평가하기로 결정한다.

K. 우리는 우리의 선교사들이 주를 섬기기 위해 더 잘 구비되도
  록 교육적으로, 정서적으로, 영적으로 돕기로 결정한다.

L. 우리는 우리가 지원하는 인력을 아래와 같은 비율로 정하기
  로 한다.

  50% Evangelism/Church Planting(전도/교회 개척)

  30% Nurture/Equipping/Training(양육/구비/훈련)

  20% Support(지원)

이상 위의 여러 가지 전략을 살펴보면 선교 지원금의 지출 방법과 우선순위, 선교 협력, 선교 헌금 모집, 현지인 훈련, 지원 인력 배분, 그리고 평가에 대하여 분명한 지침을 보여 주고 있다.

## 3. 브라이어우드 장로교회의 자국 내 외국인 선교전략과 방법

이제 브라이어우드교회의 자국 내 외국인 선교의 전략과 방법에 대하여 고찰하고자 한다. 이 연구를 위한 자료는 브라이어우드교회의 인터넷 홈페이지 자료와, International Ministry(외국인 사역) 담당인 Beau Miller 목사를 통해 제공받은 자료들, 세 모국어 예배 담당목사와 스태프로부터 이메일로 발송되어 온 자료들, 그리고 브라이어우드의 외국인 선교의 초기부터 참여해 온 산 증인 Say Longshore 여사가 직접 작성한 브라이어우드의 외국인 사역 역사 기록과, 2008년 1월 15일 오전 7시 45분부터 8시 50분까지 진행되었던 Beau Miller 목사와의 인터뷰 등이 기초가 되었다.

### 1) 브라이어우드의 외국인 선교 비전과 목적

우선 브라이어우드교회의 자국 내 외국인 선교의 비전과 목적에 대하여 알아본다. Beau Miller 목사는 브라이어우드교회의 외국인 선교전략에 대한 필자의 질문에 다음과 같이 이메일로 답하였다 (2007년 10월 23일 받음).

　"역사적으로 브라이어우드는 세계 선교에 헌신적인 교회이다. 각 나라들에 복음을 전하려고 하는 마음 때문에 '우리에게 온' 각 나라 사람들에게 복음을 전하고 가르치는 사역은 당연한 것이다. 이 사역이 30년 이상 개발되어서 'Briarwood International Outreach'(역자 주: 브라이어우드 외국인 선교회, 약자로 BIO이며 이후부터 BIO로 호칭)라는 기구로서 활약하고 있는데, 이것은 교회 선교와 'Multiplication Department(배가운동 부서)'와 브라이어우드의 '지역 및 세계 선교'의 한 기능이다."

Beau Miller 목사에 의하여 위의 글과 함께 제출된 외국인 선교의 사명, 비전, 가치 그리고 목적은 다음과 같으며, 이들을 한국교회에서 한국의 상황에 맞게 고치면, 예를 들어 영어교육을 한국교육으로 고친다든가 하면 충분히 적용될 수 있는 것들이다. 그리고 사역 대상에 있어서도 브라이어우드는 외국인 유학생들에게 비중을 많이 두고 있는데, 한국교회는 외국인 근로자들에게 초점을 맞추어야 할 것이다. 앞장에서 LTM에 대한 필자의 반성에서 이러한 사역의 기초 정립이 아주 중요하다는 것을 밝힌 바 있다. 즉 이러한 사명, 비전, 가치, 그리고 목적이 성경에 근거하여 분명하게 세워지고, 이를 교회 공동체와 함께 지속적으로 나눌 때 사역이 활성화되고 공동체가 주 안에서 든든히 서 가게 된다는 것이다.

## 사명

버밍햄 지역에 있는 외국인들에게 그리스도의 사랑으로 다가간다. 그래서 우리가 그들에게 복음을 전할 수 있고, 그들을 믿음 안에서 성숙하게 할 수 있고, 그리고 그들을 세상에 복음을 전하는 사역자들이 되도록 개발시킬 수 있도록 한다.

비전

브라이어우드교회가 아래의 사역을 통하여 그리스도의 대사명 성취를 돕도록 동역화한다.


- 사람들을 그리스도에게 인도하고, 그들을 영적인 지도자와 사역자들로 양육하는, 외국인 학생과 학자들을 위한 사역과 함께 사역의 리더십에 참가한 외국인들에 의해 입증되는 사역.
- 복음으로 그들 자신의 공동체에 다가가고, 그리고 신자들을 제자화하고, 그리고 그들의 특별한 사역의 상황 안에서 지도자들을 훈련하는 건강한 외국인교회 설립.
- 우수한 언어교육의 필요를 느끼는 외국인들과의 접촉을 위한 영어교육을 하고, 학생들의 생활 속에서 개인 사역을 격려하고 동족 교회에 참여토록 한다. ESL(외국인 영어교육) 사역을 운영하기를 원하는 다른 교회들에게 하나의 지역 모델이 된다.
- 교인들에게 중요한 교차 문화적 교제의 장을 넓히는 기회를 제공하는 'Freindship Partners program' 시행.


브라이어우드 외국인 선교 비전 선언문(Vision Statements)

"버밍햄 지역에 임시적으로 또는 영구적으로 살고 있는 타국에서 온 사람들이 그리스도를 알고 그리고 그분을 알게 할 수 있도록 하기 위해 버밍햄에 있는 외국인들과 친구가 되고 그들을 전도하고 제자 삼고 그리고 구비시킨다. 그리고 버밍햄 지역에 있는 다른 교회들에로 외국인 사역을 확장시켜 가도록 한다."

가치들

위에 진술된 사명과 비전에 따라 우리는 아래 사항에 대하여 가
치를 둔다.

- Developing relationships, meeting needs and loving the internationals among us(우리 중에 있는 외국인들과 교제함, 필요한 것을 채워 줌, 그리고 그들을 사랑함을 개발함).

- Praying consistently for our ministries and with those in our ministries(우리의 사역들과 우리의 사역 안에 있는 사람들을 위한 끊임없는 기도).

- Teaching God's Word to those of different 'people groups' in our midst(우리 가운데 있는 다른 '민족 그룹들'의 사람들에게 하나님의 말씀을 가르침).

- Raising up spiritual leaders in the church and multiplying disciples among internationals in our area(교회 안에서 영적인 지도자들을 양성하고, 우리 지역에 있는 외국인들 가운데 제자의 수를 증가시킴).

- Encouraging and equipping Briarwood members to develop relationships with and serve internationals(외국인들과 교제하고 그들을 섬기는 것을 개발시키기 위해 브라이어우드교회 교인들을 격려하고 구비시킴).

- Communicating the Gospel of grace clearly, so that it can be understood by unbelievers and be foundational and motivational in the lives of believers(은혜의 복음을 명백하게 전파하여 그 복음이 불신자들에 의해 이해될 수 있고, 그리고

그것이 신자들의 삶에 기본이 되고 동기부여가 되도록 함).

브라이어우드 외국인 선교의 목적(Purposes)

A. 외국인 학생들과 친구가 되고, 그들을 전도하고, 제자 삼고, 구비시킨다.

- build a broad base of friendships among international students

  (외국인 학생들과의 교제의 기반을 넓힌다.)

- challenge international students to consider Jesus Christ

  (외국인 학생들이 예수 그리스도를 생각하도록 도전한다.)

- disciple believers among the international student population

  (외국인 학생들 중의 신자들을 제자화한다.)

- train key leaders among international students to be disciplers/
  teachers

  (외국인 학생 중 주요 리더들을 제자화 사역의 리더 혹은 교사들로 훈련시킨다.)

- place international students into ministry situations for mentoring

  (멘토링을 위한 사역에 외국인 학생들을 참여시킨다.)

B. 다른 교회들을 통하여 외국인 공동체를 위한 사역을 증가시킨다.

- challenge other congregations to see the ministry opportunities

  (사역의 기회들을 찾도록 다른 교회 회중들을 도전한다.)

- train other congregations to be effective in ministry

  (다른 교회 회중들이 사역에서 효과적이 되도록 훈련시킨다.)

C. 버밍햄에 있는 신자들을 외국인들에게 나아갈 수 있도록 동

력화시킨다.

- recruit Friendship Partners

  (Friendship Partners 프로그램에 새로운 동역자들을 맞아들인다.)

- train Friendship Partners in cross – cultural relationships

  (교차 문화적 교제를 위한 사역에 Friendship Partners 동역자
  들을 훈련시킨다.)

D. 외국인들의 모국어로 예배 드리고 훈련받을 수 있도록 촉진
시킨다.

- equip key leaders in each language group to teach/lead

  (주요 리더들을 각 언어 그룹에서 가르치고 지도하도록 구비
  시킨다.)

- provide theological and pastoral training in each language

  (신학적이고 목회적인 훈련을 각 언어로 제공한다.)

## 2) 브라이어우드 장로교회의 자국 내 외국인 선교의 중요성

"브라이어우드교회의 자국 내 외국인 선교의 중요성은 무엇이라
고 생각하십니까?"라고 필자가 이메일로 Beau Miller 목사에게 물
었을 때 이메일로 답변을 받은 것을 정리하면 다음과 같다(2007년
10월 23일 전송받음).

A. 브라이어우드는 버밍햄의 앨라배마 대학교(UAB)의 대부분의
   학생들과 학자들에게까지 연결되도록 지역 대학과의 아주 좋
   은 관계를 가지고 있다.

B. 브라이어우드는 버밍햄에서 외국인 학생들과 학자들 사이에 오랫동안 연속적이며 이름이 알려진 사역을 펼치고 있다.

C. 브라이어우드는 외국인들을 위한 '자료 센터'를 가지고 있다. 여기에는 성경들, 예수와 관련된 비디오들, 세계 여러 언어들로 된 다른 책자들과 복음적 자료들이 있다. 여기에 가지고 있지 않은 것은 다른 언어들을 말하는 사람들에게 사역하기 위하여 그것들을 필요로 하는 지역 신자들을 위하여 구입할 수 있다. 이 자료들은 브라이어우드 교인들뿐만 아니라 브라이어우드와 접촉하는 공동체로부터 온 사람들에게도 이용될 수 있다.

D. 앨라배마 주에서 매주 일본어로 예배 드리는 회중은 브라이어우드에만 있다. 브라이어우드의 히스패닉 목사는 7년 이상 본 교회에서 히스패닉 회중 사역을 해 왔고, 지역의 다른 스페인어권 교회들과 잘 연결되어 있다. 그는 교단적(PCA)으로도 히스패닉 사역과 연관하여서 협력 사역을 잘하고 있다.

E. 브라이어우드의 한국인 사역은 버밍햄에서 가장 큰 한국어 교회 중의 하나이고 담당목사는 이 지역의 한국인 교회와 좋은 관계를 가지고 있다.

F. 브라이어우드는 'Friendship Partners Program'을 오랫동안 운영해 왔다. 이것은 외국인 학생들과 학자들을 교인들과 '친구들'이 되게 하는 역할을 한다.

G. 브라이어우드는 교단적 차원에서 ESL 프로그램을 모범적으로 섬겨 왔고, 우리 프로그램과 이것을 넘어서서 지역의 교사 훈련을 제공해 왔다.

H. 많은 외국인들이 그리스도를 영접하였고, 제자화되었고, 이
   사역에서 배출된 외국인들이 세계 여러 지역에 지역 기독교
   공동체에 종으로서 지도자로서 섬기게 되었다.

## 3) 브라이어우드 장로교회의 외국인 선교 역사

여기서 브라이어우드교회의 외국인 사역을 초창기부터 헌신해
왔고 현재도 본 교회에서 외국인 사역을 활발히 하고 있는 Say
Longshore가 보내온 자료를 중심으로 브라이어우드의 자국 내 외
국인 선교 역사를 살펴보고자 한다.[10]

브라이어우드교회의 외국인 사역은 1979년에 시작되었다. 한 무
리의 캄보디아 난민들이 정착했을 때 여러 지역교회들이 그들을
도왔다. 태국에 위치해 있던 캄보디아인 난민촌이 철거됨으로 인해
미국교회들이 갈 곳 없는 많은 캄보디아인들을 돕기로 하였다. 브
라이어우드교회는 한 큰 가족을 도왔으며, 교회 자원봉사자들이 집
과 직장을 마련해 주었다. Longshore 부부는 1964년 이래로 버밍햄
에 이주해 오는 쿠바 난민들에게 ESL 강의를 해 왔던 것처럼 그들
에게 영어를 가르치는 일을 자원했다. 브라이어우드의 캄보디아인
가족은 쉬운 영어로 가르치는 주일학교를 열어 달라고 요청하였다.
그리고 주변의 다른 캄보디아인들을 초청하였다. 주일학교가 시작
되고 몇 주일 후 어린이를 포함하여 40명이 넘게 참석하게 되었

---

10) Bill Longshore와 그의 부인 Say Longshore가 처음 외국인 사역 시작부터 함께 사역
    해 왔으며 이 역사 자료는 Director인 Beau Miller 목사의 주선으로 Say Longshore
    (saylongshore@charter.net)가 직접 작성하여 보내왔다(2008년 1월 10일 받음).

다. 자원봉사자들이 어른들과 어린이들에게 여러 가지 시청각 도구들을 사용하여 하나님의 말씀을 가르쳤다. 점차 한국과 일본에서 온 다른 외국인들도 참석하였다. 이제 영어 실력에 따라 두 그룹으로 나누어 가르쳐야 했다. 특별히 감사한 것은 주일학교를 시작한 지 얼마 되지 않아, 브라이어우드교회가 태국에서 과거에 후원했던 선교사들과 시행했던 문서사역이 많은 캄보디아 친구들을 예수께로 인도하는 좋은 도구가 되었다. 당시의 담임목사였던 프랭크 바커 목사는 이 이야기를 "너는 네 식물을 물 위에 던지라. 여러 날 후에 도로 찾으리라."는 말씀의 예화로 사용하였다.

캄보디아인들은 브라이어우드에 있는 동안 여러 방면으로 진보를 가져왔다. 그러나 그들은 대부분 어부들이었기 때문에 바다가 가까운 곳으로 이주하기를 원했다. 그래서 그들 중 대부분은 캘리포니아 또는 텍사스로 이주하였으며, 그 후에 전해 온 소식에 의하면 다들 잘살게 되었고 미국 문화에도 잘 적응하게 되었다고 한다.

반면에 한국인과 일본인들은 주일학교에 계속 출석하였으며, 다른 동료들을 초청하였다. 이러한 성장의 방법은 아주 성공적이었다. 물론 브라이어우드교회의 자원봉사자들은 앨라배마 버밍햄 대학교(이후부터는 UAB로 표기함) 외국인 기숙사에서 주일 아침에 교회로 차량운행을 하였다. 이에 대한 소문이 UAB에서 확산되었고 다른 언어와 문화를 가진 16개 다른 나라에서 온 80여 명이 주일학교에 참석하게 되었다(이러한 사역을 브라이어우드교회가 개척자적으로 실시하였으며 현재는 많은 다른 교회들도 이러한 사역을 하게 되었다. 따라서 현재의 외국인 참석 인원은 처음보다 줄어들었다.). 여기서 흥미로운 것은 언어와 문화에 따라 참석자들이 그룹을 짓는 것이 아니라 미혼자 그룹, 젊은 부부 그룹, 자녀들이 있는 부부 그룹, 나이가 든 사람들의 그룹 등으로 그룹을 짓는다는 것이었다. 그리고 이 외국인 주일학교에서 훈련받고 사역자로 모국에 파송을 받는 일도 일어났다. 현재까지 케냐에 4명, 말레이시아에 1명, 일본에 1명, 독일에 2명, 중국에 2명이 파송되었으며, 조만간에 중국에 2명이 더 파송될 것이라고 한다. 필자가 이 주일학교에 참석하였을 때 마침 케냐인 목사 한 분을 파송하는 파송식을 거행하였다. BIO가 파송한 사역자들에게는 일부 후원을 하며 함께 모국의 복음화를 위해 동역을 하고 있다고 한다.

브라이어우드 내에서 Ethnic Church의 설립은 1994년 봄에 일본 선교사이면서 브라이어우드의 아시아 선교 담당인 김은수 목사에 의해 한국어로 예배 드리는 한인교회가 설립됨으로 시작되었다. 다음 해 1995년 김은수 목사는 일본어로 예배 드리는 일본인 교회도 브라이어우드 내에 설립하였다. 이로 인해 BIO의 중요한 한 파트인 모국어 회중 사역이 시작되었으며, 2000년에는 스페인어로 예배 드리는 히스패닉 교회가 설립되기에 이른다. 지금 영어로 진행되는 주일학교에 중국인들과 베트남인들이 많이 참석하고 있는데, 이들에 대하여 별도의 성경공부와 리더십 훈련 등을 실시하고 있다. 이 민족들도 장래 모국어 회중으로 발전될 수 있을 것으로 전망한다.

브라이어우드교회는 외국인 학생 사역을 위해 UAB 근처에 아파트 한 채를 임대하였다. 거기서 파티도 하고, 주일 저녁에 식탁교제를 하고, 특별 강사를 초청해서 모임도 가졌다. 그리고 주말에는 가끔 플로리다와 스모키 마운틴 등으로 리트릿을 갔는데, 이러한 활동을 통해 많은 외국인들이 브라이어우드에서 그리스도를 영접하고 세례를 받았다. 특별히 중국이 개방되어 많은 중국 학생들이 UAB에 수학하러 왔는데, 그들에게 복음의 문이 활짝 열렸다. 한번은 중국에서 온 은퇴한 중국인 소아과 여의사 한 분을 North Carolina에서 있었던 Young Life 캠프에서 만났는데, 이분이 브라이어우드를 2주간 방문하여 많은 중국 학생들을 전도하여 한 번에 12명이 세례를 받는 일이 일어났다. 그녀는 그동안 뿌려졌던 복음의 씨앗의 열매를 수확하였던 것이다.

UAB와 브라이어우드가 협력하는 Friendship Partners Program(성도 가정과 외국인 연결하기)도 많은 외국인 학생들을 주님께 인도하고 제자 삼는 중요한 역할을 해 왔다. 브라이어우드는 1985년경부터 이 프로그램에 참여해 왔으며 일대일 교제를 통한 복음 전파는 많은 열매로 귀결된다는 것을 이 프로그램을 통해서 증명해 왔다. 그리고 또 하나의 성공적인 프로그램은 매년 가지는 Labor Day Beach Retreat(노동절 해변 리트릿)이다. 이 리트릿은 1984년경에 시작하였는데, 처음에는 15명이 참석했지만 최근에는 100 - 130명 정도가 참석한다. 처음에는 여름에만 실시했던 ESL 프로그램도 지금은 일주일에 두 번씩 실시하고 있다. Longshore 여사의 증언에 의하면 1979년 이래로 약 1,000여 명의 외국인들이 브라이어우드의 여러 모양의 외국인 사역에 참여해 왔다.

1980년대에 들어서서 최초의 스태프인 Darby Travers가 BIO를 위해 일하게 되었으며, 스태프와 자원봉사자들이 매주 모이는 기도회는 성공적인 사역을 위한 열쇠가 되었다. 현재 총 5명의 스태프(모국어 회중 사역자 포함)와 20여 명의 자원봉사자들이 섬기고 있으며, BIO의 전체 운영은 BIO 위원회가 조직되어 꾸려 나가고 있다.

## 4) 브라이어우드의 외국인 선교방법

BIO는 기본적으로 두 가지 중요한 접근 방식이 있다. 그것은 영어에 의한 접근(English Language Ministry)과 모국어에 의한 접근(Heart Language Ministry)이다. 회중별로 보면 영어 사역에 하나의 회중이 있고, 모국어 사역에 한국어, 일본어, 그리고 스페인어 세 회중이 있다. 영어 사역에는 아직 모국어 회중 교회를 설립하지 못했지만 중국인과 베트남인이 별도의 성경공부 등의 모임을 가지고 있다. 영어 사역 회중은 BIO 전체 디렉터인 Beau Miller 목사가 직접 담당하고, 세 모국어 회중에는 각각의 전임 Ethnic 목회자가 있다.

브라이어우드의 외국인 선교방법을 한국교회에 전적으로 동일하게 적용하기는 어렵다. 영어에 의한 접근을 한글에 의한 접근으로 단순히 전환할 수는 없을 것이기 때문이다. 한국의 외국인 사역에서 영어가 역시 큰 비중을 차지하고 있기 때문에 한국에서도 영어에 의한 접근을 하면서 한글에 의한 접근을 조심스럽게 병행해 나가야 할 것으로 생각된다. 다민족을 중심으로 영어로 예배를 드리는 경우가 많은데, 한국어로 예배를 드리면 가능할 것인가에 대한 검증도 필요하리라 본다.

### (1) 영어(English Language)에 의한 접근

BIO는 영어를 통해 외국인 학생, 학자, 그리고 이주민들에게 나아간다. BIO가 이 사역을 하는 방법은 외국인 주일학교, 소그룹 성경공부, 개인적 제자 훈련, 리트릿, 사회활동, 'Friendship Partners

Program' 등 여럿이 있다. 이 사역의 주요 대상은 중국인, 인도인, 아프리카인, 기타 아시아인들이다. 물론 BIO는 지역 외국인들에게 나아가기 위해 영어교육(ESL) 프로그램도 운영한다. 복음전파의 다리를 놓기 위해 그들의 영어교육의 필요를 충족시키기 위해 노력하며, 월요일 오전과 수요일 저녁에 교회에서 이 프로그램을 가진다(참고: www.biostudents.org). 좀 더 구체적으로 각 프로그램별로 설명하면 다음과 같다.

### 외국인 주일학교(International Sunday Fellowship)

외국인들이 브라이어우드 본 교회의 영어예배에 참석하면서 동시에 주일학교에 나와 영어로 찬양하고 성경공부를 한다. 필자도 이 펠로우십에 참석할 기회가 있었다. 미국인과 외국인 자원봉사자들이 친절하게 맞아 주었고, 먼저 영어로 찬양하는 순서를 가지고 본 교회를 방문한 브라이어우드교회의 아프리카 케냐 파송 선교사가 그 주일에는 성경공부를 인도하였다. 평소에는 BIO의 디렉터인 Beau Miller 목사가 인도한다. 참석하는 외국인 인원은 30명 정도였다. 영어를 사용하는 외국인들과 중국인, 베트남인 등과 같이 모국어 교회를 아직 브라이어우드교회 안에 설립하지 못한 민족들이 많이 참석한다.

이 주일학교는 ESL에 참석하는 외국인들 중 신자들을 교회로 인도하여 바른 신앙생활을 하게 할 뿐만 아니라 불신자들이 그리스도를 만나고 성장할 수 있는 좋은 길이 된다. 필자는 미시시피 주 잭슨에서 RTS의 목회학 박사과정을 수학하면서 주로 두 교회를 출석하였다. 한 교회는 필자가 등록하여 교회 정식 멤버가 된 교회인 First Presbyterian Church(제일장로교회)이다. 이 교회는 ESL 프로그램을 목요일 저녁에 외국인들을 대상으로 가지고 있다. 그러나 외국인 주일학교를 운영하지 않고 있다. 또 다른 한 교회는 필자가 First Presbyterian Church에서 오전 1부 예배를 드리고 일반 성도들을 위한 주일학교에 참석한 후에 자동차로 잠깐 이동하여 '외국인 주일학교'에만 참석한 교회인데, 교회명은 First Baptist Church(제일침례교회)이다. 이 침례교회도 ESL을 목요일 오전에 운영한다. 필자가 이 두 교회를 관찰하면서 느낀 것은 많은 외국인들이 두 교회의 ESL에 참석하지만 결국 교인으로 연결시켜 주는 다리가 있는 침례교회가 사역을 바르고 효과적으로 한다는 것이었다. 물론 필자가 교인인 장로교회도 이전에는 외국인을 위한 주일학교를 운영하였지만 외국인들의 참석이 저조하여 중단하였다고 한다. FBC(제일침례교회)가 성공적으로 외국인 주일학교를 운영할 수 있는 것은 교회 자원봉사자들의 적극적인 헌신이라고 필자는 생각하게 되었다. 주일학교 디렉터와 교사들이 다 열심 있고 실력 있는 평신도들이다.[11] FBC는 중국어로 예배 드리는 중국인 교회도 교회 안에 있다. 이 중국인 예배가 형성된 것은 외국인 주일학교에 참석하는 중국인들이 모체가 되었다고 외국인 주일학교 디렉터인 Jim Marshal이 증명하였다. 잭슨에 한인 장로교회가 하나 있는데, 이 장로교회의 모체도 바로 FBC의 외국인 주일학교에 나오던 한국인들이었다고 Jim Marshal이 밝혔다.

---

11) 브라이어우드교회의 외국인 주일학교 성경공부는 영어로 찬양 후 기도제목을 나누고 기도한 후 전체가 한 반에서 영어 성경공부를 하지만, FBC(제일침례교회)는 영어 찬양 후 역시 기도제목을 나누고 기도한 후 3클래스로 나누어 영어 성경공부를 한다. 영어의 등급에 따라 세 반으로 나누어 성경공부를 한다.

BIO의 디렉터인 Miller 목사는 현재 BIO의 외국인 주일학교에 중국인들과 베트남인이 많이 나오는데, 이들에 대하여 별도의 성경 공부와 리더십 훈련 등을 시도하고 있다고 한다. 이러한 사역들이 발전하면 미래에 중국인과 베트남인 별도의 모국어 예배를 드릴 수 있을 것이다.

English as a Second Language Classes
(ESL, 외국인 영어교육 프로그램)

브라이어우드교회 역시 여타 많은 미국교회들과 같이 ESL 프로그램을 운영한다. 브라이어우드교회는 월요일 오전과 수요일 저녁에 이 프로그램을 가진다. 외국인들의 영어실력 등급별로 반을 나누어 가르치며, 자원하는 평신도 디렉터와 유능한 교사들이 담당하고 있다. 교재 대금은 15달러이며 구입을 선택할 수 있다. 스낵과 음료수가 무료로 제공되며 어린이들이 함께 올 경우 무료로 돌봐준다. 물론 짧은 성경공부가 프로그램에 포함되어 있다. 현재 외국인 약 40여 명이 이 프로그램에 참석하고 있다. 이 프로그램에 대하여 구체적으로 살펴보면 다음과 같다.[12] 한국의 경우 한글교실을 이러한 ESL 프로그램처럼 운영할 수 있을 것이다. 브라이어우드교회는 이 프로그램에 대해서 매뉴얼까지 만들어서 체계적으로 운영하고 있다. 이와 같이 한국교회도 한글교실을 위한 매뉴얼을 만들어 체계적으로 운영한다면 더욱 효과적인 사역이 될 것이다.

---

12) 브라이어우드교회의 ESL 프로그램에 대한 설명은 본 프로그램의 Coordinator인 Jenny Kyle(jkyle@briarwood.org)이 필자에게 보낸 자료에 근거하였다.

비전(Vision)

"우리가 우리의 도시 안에 있는 모든 외국인들에게 언어와 영적인 필요를 충족시키면서 복음을 전파한다."

목적(Purpose)

"버밍햄과 그 이상의 지역에서 그리스도인들과 외국인 공동체와의 사이에 커뮤니케이션을 위한 하나의 다리로서 섬긴다."

목표들(Objectives)
- 일상생활에 필요한 커뮤니케이션 기술들을 가지고 외국인들을 돕는다.
- 높은 질의 ESL 프로그램을 제공한다.
- 학생들에게 그리스도의 복음과 성경의 진리들을 소개한다.
- 학생과 교회의 다른 사역들, 특별히 히스패닉, 한국인 그리고 일본인 민족교회로의 연결 고리로 섬긴다.

구조(Structure)

가. 시간-월요일 오전 10시부터 12시까지와 수요일 저녁 6시 30분부터 8시 30분까지 일주일에 2회 실시한다. 여름과 겨울에 일정기간 방학을 가져 자원봉사자들이 지치지 않게 한다. 방학기간 동안 교사 훈련, 리트릿 등을 실시한다.

나. 장소-교회 시설을 사용한다. 각 그룹별로 별도의 교실을 사용한다.

다. 규모-학생들의 이동이 심하여 참석 인원을 예상하기가 어렵지만 한 클래스에 2명에서 14명 정도의 범위 안에서 평균 6명의 출석을 목표로 한다.

라. 등록과 출석 – 새로운 학생들은 처음 참석할 때 등록서류를 작성한다. 이 정보는 데이터베이스에 입력되어 학생들에게 수업과 행사 등에 관한 정보를 전달할 때 유용하게 사용된다. 그리고 출석 여부를 알기 위해 출석부를 사용한다.

마. 등급별 수업 – 아래와 같이 4등급으로 나누어 수업한다.

<u>기초반(Introduction):</u> 영어에 대한 지식이 없거나 아주 적은 학생들을 대상으로 하여 어휘훈련 중심으로 한다. 목표는 영어의 기초적인 이해(발음, 어휘, 기본 동사들, 간단한 질문과 대답들)를 제공하는 데 있다.

<u>Level 1:</u> 약간의 변화된 표현들로 대화할 수 있는 학생들을 대상으로 한다. 본국에서 고등교육을 받고 영어를 배운 학생들이 이 레벨에서 수업한다. 학생들이 다른 수업 기술들(예: 작문, 읽기, 청취)을 사용하여 자신감을 가지게 하고, 그리고 약간의 기본적인 지시 혹은 명령들을 할 수 있도록 하는 데 있다.

<u>Level 2:</u> 영어로 대화할 수 있으나 여전히 말할 때 주저하는 학생들을 대상으로 한다. 어휘와 문법이 더 복잡하고 주제가 있는 대화를 사용한다. 목표는 레벨 3을 대비하여 편안하게 대화할 수 있도록 한다.

<u>Level 3:</u> 유창할 정도로 영어를 말하는 학생들을 대상으로 하며, 발음과 문법 기술들을 개선시킨다. 목표는 영어로 토론할 수 있는 능력을 개발시키는 데 있다. 성경의 진리들을 증거하고 토론하기 위해 성경공부 자료를 사용한다.

바. 평가(Assessment) - 학생들은 그들의 현재 영어 실력에 기초하여 각 레벨에 소속된다. 디렉터는 보통 대학 인턴들의 도움을 받아 새로운 방문자(학생)들을 평가한다. 새로운 방문자가 오면 약 30 - 40분 동안 교회와 ESL 프로그램에 대하여 소개하는데, 이때 영어 실력 평가도 같이 실시한다.

### 커리큘럼(Curriculum)

가. 영어 학습 교재 - 캠브리지 출판사의 New Interchange 시리즈와 Oxford Picture Dictionary 또는 Expressways 등의 다른 보충교재들을 사용한다. New Interchange는 기초반에서 level 3까지를 위한 기본적 구조를 포함하고 있다. 2주일에 이 교재의 한 장(Chapter)을 소화하도록 한다.

나. 성경공부 교재 - 이 부분은 어려움이 있는 분야로 다른 교회들과 함께 계속 연구해 가는 분야이다. 교사들이 영어 학습과 성경공부를 동시에 준비하기가 어려운 면이 있어서 약 10 - 15분간 성경의 한 구절을 서로 나누는 방법을 많이 택한다. 최근에는 성경을 실천하는 면(예를 들어 분노, 고독, 미래에 대한 두려움 등에 대하여 성경은 어떻게 말하는가?)에 초점을 맞추어 성경 약 10구절을 인용한 작은 책자를 만들어 사용하기도 한다. 이 책자들은 출판되지 않았으나 큰 도움을 주고 있다.

현재 사용되고 있는 성경공부 교재는 다음과 같다.

- 교사 스스로 준비한 교재(몇몇 교사들은 선교사들이다.)
- Bill Perry(Interface Ministries 출판)의 Storytelling the Bible

- Janet Payne(Intervarsity 출판)의 Bible Exploration Workbooks
- The Gospel of Luke

모집(Recruiting)

공공성 있는 지역의 스페인어와 영자 신문에 프로그램에 대하여 광고한다. 그리고 교회 주보와 교회에서 매주 발송하는 편지와 때때로 교회 발간 잡지 등에도 광고한다.

가. 학생 모집 - 전단지를 우편으로 발송하거나 전화로 연락한다. 많은 외국인들이 모이는 지역의 도매상점이나 시의 특별한 장소에 전단지를 배부한다.

나. 교사 모집 - 개인적인 권면이나 교회 발간물 등을 통해서 교사를 모집한다. 학기가 시작되기 전 장년 주일학교를 찾아가서 권면하기도 한다. 매년 있는 선교대회는 자원봉사자들을 모집하는 좋은 기회이다. 많은 신실한 장기 봉사자들이 개인적인 권면으로 자원한다.

목표와 기대들(Goals & Expectations)

교사들과 학생들의 목표와 기대들은 다음과 같다.

교사들

1. 목표 - 교사들의 가르침에 대한 만족을 증대시키고 교차 문화적인 감각을 성숙하게 한다.

2. 기대들 - 교사들이 수업을 위해 준비되기를 원한다. 수업 시작 전 참가하는 학생들을 환영하기 위해 약 10분 전에

출석하기를 원한다. 교사들이 수업 외 교실 밖에서도 학
생들과의 관계를 발전시켜가도록 강력하게 격려한다. 교
사들은 수업 시작 30분 전에 기도회로 모인다. 기도는 그
날 수업의 받침이 되며, 위대한 팀 사역을 가져온다. 또한
교사들이 이 사역을 즐겁게 섬기기를 원한다.

## 학생들

1. 목표 - 영어 회화 능력을 증진시키고 삶의 현장에서 언어는
   물론 문화적으로 소통이 되도록 구비시킨다. 서로 새로운
   친구들이 되기를 원한다. 그리고 무엇보다도 학생들의 마
   음이 복음의 진리에 부드럽게 되기를 기도한다.

2. 기대들 - 학생들이 교사와 동료들을 존중하여 정해진 시간
   안에 참석하기를 원한다. 출석한 후 2 - 3주 안에 그들의
   교과서를 구입하도록 격려한다.

### 다섯 가지 교수 원리(Five Teaching Principles)

가. 교사들은 무엇보다도 첫째로 종들이다.

학생들은 우선 교제보다는 언어 습득을 위해 참석한다. 언어 교
육에 대한 첫 번째 필요를 성공적으로 충족시킴으로써 교사들은
학생들의 존경과 친근감을 획득할 수 있다. 교사들은 물론 학생들
이 성경의 진리와 하나님과의 인격적 관계를 바라보도록 하는 일
의 중요성을 항상 마음에 두어야 한다.

나. 교사들은 언어와 문화의 이해를 필요로 한다.

교사도 계속적으로 배우는 자로서 학생들이 수업에서 가지고 있

는 어려움이 무엇인가를 이해하도록 노력해야 한다. 교사들은 분위기를 잘 깨달아야 하고 학생들의 불편함과 고충을 해결할 수 있도록 해야 한다. 다른 문화들을 연구하는 교사들은 그 자신의 문화와 교실에서의 문화가 비슷하거나 다른 점을 이해할 수 있을 것이다.

다. 교사들은 학생 중심의 수업을 진행해야 한다.

미국인들은 교사들에 의해 떠먹여지는 교육시스템에 익숙하다. 이에 대한 반대 방향으로 가야 한다. 제2외국어 교육은 강의를 듣는 것보다는 대화하는 것이 가장 좋은 교육방법이다. 교사가 계속적으로 이야기한다면, 학생들의 이야기를 듣지 못할 것이며, 학생들은 언어를 연습하지 못할 것이다. 그 결과는 수업이 학생 중심이 아니며, 대화 중심이 아닌 것으로 된다.

학생 중심의 수업을 확실하게 하기 위해 교사는 학생들이 거의 항상 이야기하도록 고안해야 한다. 이것은 계획이 필요하지만 결과들은 학생들이 더 빠르게 배우게 되는 가치 있는 일이 된다. 수업의 초점은 교사로부터 떠나서 학생에게 모아져야 한다.

라. 교사들은 상황 영어 학습 방법(Contextual Teaching method)을 사용해야 한다.

학생들에게 익숙한 주변 상황을 소재로 한 수업은 학생들이 실제 생활에서 그 상황을 만났을 때 배운 것을 활용할 수 있게 한다. 그래서 교사들은 학생들이 필요로 하는 것과 기대하는 것이 무엇인지를 경청하고 그에 따라서 수업을 꾸려 가야 한다(예: 학생들이 식당에서 음식을 주문하는 방법을 알기를 원한다면, 교사는 어휘와 문법, 그리고 다른 기술들을 그 상황에 맞게 준비할 것이다.).

마. 교사들은 사역의 마인드를 가져야 한다.

그리스도의 종들로서 교사들은 계속적으로 그리스도와 같은 모습으로 살아가면서 그분을 증거하는 길을 찾아야 한다. 그러므로 교사는 교재 또는 교과목의 상황을 넘어서서 '어떻게 이 과목에서 진리를 나눌 수 있을까?'라고 생각해야 한다. 이것은 창의성과 많은 기회들 중 가장 좋은 것을 찾는 감각을 필요로 한다.

### 교사 훈련(Teacher Training)

일 년에 적어도 한 번은 교사훈련을 실시한다. 이 훈련을 자체적으로 하기도 하고 외부 강사를 초빙하여 하기도 한다.

ESL 수업과 동시에 진행되기도 하는데, 첫 시간에는 ESL Coordinator로부터 훈련을 받고 둘째 시간에는 기존 클래스에 들어가서 기존 교사와 함께 가르치게 된다. 이렇게 교수 훈련을 받은 다음 혼자서 클래스를 맡아 가르치게 한다. ESL Coordinator 이외에도 교사훈련에 전문적인 자질을 가진 봉사자들이 이 훈련에 동참한다.

갓 훈련받은 교사들이 가르칠 때 낙심하지 않도록 Coordinator가 종종 Team teaching을 한다. 신임 교사들을 위해 '교수 지침들(Teaching Packets)'을 구비해 두어 신임 교사들의 시행착오를 줄이도록 하고 있다.

### 평가와 피드백(Evaluation and Feedbak)

가. 학생들 - 각 학기 말에 학생들이 영어와 스페인어로 된 평가서를 작성하여 제출하도록 하고 있다. 또한 교사들이 계속적으로 학생들에게 확인하고 그들의 학습을 격려하도록 하고 있다. 학습을

증진시키기 위해 교사는 학생들의 이해 정도가 얼마나 되는가를 수시로 평가하도록 하고 있다.

나. 교사들 – 한 학기에 한 번 정도 정기적으로 리더들이 교사들을 만난다. 여기서 팀 사역을 확인하고 교사들의 전망이 어떻게 성취되고 있으며, 목표들을 분명하게 한다. 이 모임들은 보통 주말에 교회에서 식사를 같이 하면서 가진다. 또한 이 모임에서 교사들의 의견을 청취하고, 질문을 받고, 개선을 위한 제안을 듣는다. 이 외에도 Coordinator는 개인적으로 전화, 이메일, 그리고 만남을 통해 교사들과 생각을 나눈다.


교실 밖 활동(Beyond the Classroom)

ESL을 통해서 삶에 영향을 주고받는 것은 교실에서만 한정되어 있지 않다. 교사들은 학생들의 교실 밖에서의 삶에 대해서도 관심을 가진다. 때로는 교사의 집에서 저녁 식사를 하면서 수업을 갖는다. 이것은 서로의 교제를 돈독히 할 뿐만 아니라 학생들의 영어 연습에도 큰 도움을 준다.

학생이 3 – 4회 수업에 불참할 경우 ‘We Missed You’ 엽서를 보낸다. 그리고 처음 참석한 학생에게는 ‘Thank You For Coming’ 엽서를 보낸다.

ESL에 많은 히스패닉들이 참석하므로 Coordinator는 가끔 처음 참석한 학생의 집에 교제를 돈독하게 하기 위해 심방을 한다. 이 심방에 ESL 히스패닉 학생들을 대동하는데, 이를 통해 같이 심방하는 학생들의 ‘세계 비전’을 향상시키고, 그들의 외국인 사역에 대한 이해를 증진시키는 결과를 가져온다. 이 방문을 통해 어떤 학생들이 그리스도를 영접하는 계기가 되기도 한다. 이 심방은 학생들이 꾸준히 수업에 참석하도록 격려하는 것이 되고, 히스패닉 모국어 예배공동체로 학생을 인도하는 계기가 되기도 한다.

정기적으로 학생들이 교사들과 교제하고 함께 즐겁게 놀고, 그리고 영어도 실습할 수 있도록 피크닉 등의 특별한 행사도 가진다. 이 외에도 개발할 많은 방법들이 있지만, 한 가지 확실한 것은 교실 밖에서 학생들과 개인적인 만남을 가지는 것은 매우 효과적이라는 것이다.


Friendship Partners Program(성도 가정과 외국인 연결하기)

버밍햄의 앨라배마 대학교(UAB)와 브라이어우드교회가 협력하는 사역이다. 브라이어우드교회는 외국인 유학생 또는 학자들과 친분 관계를 가지고 가정으로 초대하고, 함께 외출을 하는 등의 교제를 자원하는 가정을 모집한다. 그리고 앨라배마 대학교는 이러한 교제를 원하는 외국인 학생 또는 학자들을 모집한다. 이렇게 서로 협력하여 성도 가정과 외국인 학생 또는 학자가 연결되고 이들은 한 달에 2번 이상 같이 만나서 교제를 나누도록 권면된다. BIO 디렉터 Miller 목사에 의하면 현재 브라이어우드교회의 20가정 정도가 이 프로그램에 참가하고 있다고 한다. 이 프로그램을 통해 외국인과 성도 가정이 서로의 문화를 배우기도 하고, 자연스럽게 교회도 소개가 되고 복음을 전할 수 있는 기회도 제공되게 된다.

잭슨의 FPC 교회 역시 RTS의 외국인 유학생들을 대상으로 성도의 가정과 연결시키는 FORTS(Friends of Reformed Theological Seminary)라는 프로그램을 가지고 있다. 한국의 경우에도 유학생과 성도의 가정을 연결시키는 프로그램을 각 교회가 개발시킨다면 외국인 사역에서 좋은 일꾼들을 양성할 수 있을 것이다.

## 토요일 저녁 가정 성경공부 및 교제

현재 두 성도의 가정이 이 모임을 가지고 있다. 이 외에도 디렉터인 Miller 목사는 현재 BIO의 외국인 주일학교에 중국인과 베트남인들이 많이 나오는데, 이들에 대하여 별도의 성경공부와 리더십 훈련 등을 시도하고 있다.

## 기타 특별행사 및 지원 사역

특별행사로는 여름철에 단체로 해변 리트릿을 가지고, 호수가로 피크닉을 가기도 하고, 수영장 또는 테니스 코트에서 함께 운동을 하기도 한다. 또한 크리스마스 파티와 때때로 금요일 저녁 식사 파티, 주말 야외 파티 등도 가진다.

외국인들의 지식과 정보에 대한 필요를 채워 주기 위해 'International Resource Center'도 운영한다. 영어와 모국어로 된 성경, 신앙서적, 비디오테이프 등을 구비하고 있다. 그리고 외국인들이 쇼핑을 하거나 여행을 위해 공항을 가야 할 때, 그리고 집을 이사할 때에 차량 지원이 필요하면 지원하기도 한다. 나아가 외국인들이 차량 구입을 할 때 도움이 필요하면 지원한다. 브라이어우드교회는 외국인들이 어떤 가구 등의 물품이 필요하거나 또는 다른 도움이 필요하면 그것들을 BIO에 온라인으로 제출하도록 하고 있고 BIO는 최대한 그 요청들에 대하여 지원한다. 한국에서도 이와 비슷한 사역들이 많이 실행되고 있지만, 여러 가지 사례들을 참고로 하여 더욱 개발시켜 가야 할 분야이다.

## (2) 모국어(Heart Language)에 의한 접근

브라이어우드에는 일본어, 한국어, 그리고 스페인어를 사용하는 세 회중이 있으며, 각 회중을 담당하는 목회자들이 있다. 이 회중들은 그 자체 각각 하나의 교회와 비슷하게 기능하고 있다. 그러나 분명히 브라이어우드교회의 부분이고 당회의 지도를 받는다. 이 회중들의 담당 목회자들은 브라이어우드교회가 소속된 노회의 회원이다. 이 회중들은 주일예배, 성경공부, 기도회, 특별행사, 전도전략 등을 각각 가지고 있다.

이 모국어에 의한 접근을 한국교회에서는 적극 고려해 볼 필요가 있다. 교회의 주변에 많이 거주하고 많이 모일 수 있는 민족을 대상으로 그 민족 모국어로써 사역할 수 있는 전임 사역자를 초빙해서 모국어 공동체를 만들어 교회 내 교회로 세워 가는 것이 지교회의 자국 내 외국인 선교의 하나의 좋은 대안이 될 것이다. 특히 한국은 미국과 달리 모국어 전임 사역자에 대한 사례비도 높지 않은 편이어서 더욱 용이하다고 본다.

### 한국어 회중

천승환 목사가 현재 담임으로 있으며, '브라이어우드 한인 장로교회'로 교회 이름이 주보에 명시되어 있다. 주일 낮 예배(12:30 - 1:50pm), 주일 장년 성경공부(11:00 - 11:50am), 화요 캠퍼스 성경공부(7:00 – 8:30pm, 학기에 따라 요일이 변경됨), 새벽기도회(월 – 토 5:30 – 6:30am), 찬양대/찬양팀 연습(주일 11:00 – 12:00am), 어린이 주일학교(12:45 – 2:00pm), 금요 제자반(7:30 – 9:00pm), 중고등부 예배(주일 1:00 – 2:00pm), 그리고 한글학교(주일 11:00 – 12:00am) 등의 정규 집회가 있다. 그리고 2007년에 4구역으로 나누어 구역예배를 드려 왔는데, 2008년에는 6구역으로 늘어나서 2구역씩 한 교구로 묶어 2교구 6구역으로 브라이어우드의 커뮤니티 중심 사역과 연결되면서 사역을 확장해 가고 있다. 구역예배는 한 달에 한 번 모이며, 구역장과 구역교사가 있다. 제직은 안수집사 1분과 권사 3분이 있으며, 서리집사 여러 분을 두고 있다. 미국교회는 서리집사가 없지만 한국교회와 같이 서리집사를 두고 있으며, 1년 성경공부를 수료하여야 신임 서리집사가 될 수 있도록 하고 있다. 이들은 브라이어우드교회 당회의 관리 아래 있다. 출석 교인은 약 80여 명이며, 장년 성경공부에는 약 10명이 참석한다. 필자도 2007년 가을 브라이어우드교회를 방문하였을 때 한국어 주일 낮 예배에 참석하고 축도를 하였으며, 예배 후 성도들이 마련한 한식을 먹으면서 식탁 교제를 가진 적이 있다. 예배에서 특이한 것은 한국인과 결혼한 외국인도 예배에 참석하고 있었으며, 이들과 한국어를 잘 모르는 2세들을 위해 한국어에서 영어로 예배 동시통역을 교회 뒷좌석에서 통역자가 하고 있었다. 담임인 천승환 목사는, 필자가 다른 특별한 전도전략이 있는지를 물었을 때, 분기별로 노방전도를 하고 있으며, 1일 부흥회와 새신자부를 통한 전도와 담임목사가 준비하고 있는 교회 홍보계획이 있다고 답하였다. 이민 사회는 바쁜 삶의 현장 때문에 한국교회와 같이 여러 날 부흥회를 가지는 것은 큰 효과가 없으며, 미국을 방문하는 한국교회 지도자들을 모시고 1일 부흥회 형식으로 집회를 갖는 것이 바람직하다고 천 목사는 덧붙였다.

1994년에 설립되어 2008년 3월 현재 설립 14년째를 맞고 있는 브라이어우드 한인 장로교회는 당시 브라이어우드교회의 아시아 선교담당목사였으며, 현재 RTS의 선교학 교수이며 Korean D.Min. Director인 김은수 교수에 의해 설립이 되었다. 이 한인교회는 브라이어우드교회와 버밍햄 시는 물론 앨라배마 주에 있는 다른 한인교회들과의 사이에서 다리 역할을 하는 중요한 위치에 있다. 브라이어우드교회와 한인교회들이 협력해서 지역의 한인들을 복음화하고 세상 끝까지 복음을 전하는 그리스도인으로 성숙하게 되도록 하는 사역에 연결 고리가 된다. 브라이어우드 내 한인교회 담당목사는 다른 모국어 교회와 마찬가지로 브라이어우드교회에서 전적으로 지원하는 전임 사역자이다. 한인교회의 헌금은 브라이어우드 본 교회로 입금이 되며, 한국어 회중 교회의 지출 예산에 따라 본 교회에서 지급이 된다. 한국어 회중들의 헌금 성적이 좋은 결과로 한국어 회중의 예산을 자급할 정도가 된다고 한다.

### 일본어 회중

역시 일본 선교사이기도 했던 김은수 교수에 의해 1995년 설립된 브라이어우드의 일본어 회중교회는 현재 앨라배마에서 유일한 일본인 교회이다. 일본인은 가장 전도가 되지 않고 있는 민족 중의 하나이며, 지금 약 20여 명이 출석하고 있고 담임은 Kotaro Hamamatsu 목사이다. 다음은 Kotaro 목사가 보내온 일본어 회중교회의 사역의 내용들이다(2007년 10월 23일 전송받음).

- Evangelism(English and Japanese Bible Studies, special events)

  전도(영어와 일본어 성경공부, 특별행사)

- Discipleship & Leadership Training(Prayer Meeting and Bible Study, Discipleship Training)

  제자훈련과 리더십 훈련(기도회, 성경공부, 제자훈련)

- Church Revitalization(pastoral visits encouraging and empowering weakened believers)

  교회 재활성화(약한 신자들을 격려하고 힘 있게 하기 위한 목회 심방)

- Mercy Ministry(English Class and Children Class)

  긍휼 사역(영어 교육과 어린이 교육)


## 히스패닉 회중

브라이어우드 안에서의 히스패닉 회중 모국어 교회는 2000년 9월에 설립되었다. 담임은 Brad Taylor 목사이며, 현재 주일 평균 출석 인원은 90-100명이다. Taylor 목사가 보내온 자료에 의하면(2008년 1월 31일 전송받음), 출석 인원은 많지만 헌금은 많지 않아 자체 지출을 위한 예산에 많이 못 미친다고 한다. 사역을 위한 다른 경비들을 충당할 정도이고, 담당목사와 다른 2히스패닉 스태프들을 위한 급여는 충당되지 못한다고 한다. 이 교회도 역시 브라이어우드교회 안의 하나의 조직이므로 전적으로 예산이 지원된다.

평신도 리더들 12-15명이 팀을 이루어 히스패닉 사역을 이끌어 가며, 장로 2인과 집사 2인이 있다. 이 히스패닉 교회의 전도와 교육에 대한 전략들을 소개하면 다음과 같다.

전도:

- 스페인어 전도폭발 교재를 사용하여 수요일 저녁에 사람들을 방문하여 복음을 나누도록 교인들을 훈련한다.
- 교회의 여러 가지 프로그램에 교인들이 참석하게 하여 복음을 들을 수 있도록 한다.
- 최근에 'movements'라고 불리는 소그룹 모임을 3곳의 다른 지역에서 시작했다. 이 소그룹에 히스패닉들을 초대하고, 그들을 그리스도께 인도하며, 나아가 이 그룹 모임을 통해 교인들을 돌보며 성경공부를 할 수 있도록 인도한다.
- 가끔 피크닉, 점심 식사 모임, 복음적인 콘서트 등을 통해 전도한다.
- BIO의 ESL 프로그램을 통해서도 많은 히스패닉들을 접촉하고 그들에게 복음을 전한다.


교육:

- 주일학교에 세 Level의 장년과 청년들을 위한 제자훈련 프로그램이 있다. 일 년간의 커리큘럼으로 기독교인의 신앙성숙과 아울러 그리스도의 제자가 되도록 고안되었으며, 다른 사람들을 제자 삼을 수 있도록 또한 가르쳐진다.
- 위의 전도 프로그램에서 소개한 3지역의 소그룹 모임이 역시 성경공부를 위한 역할을 한다.
- 매달 남성 교인들이 모이는 조찬기도회와 여전도회 모임, 청년회 모임, 그리고 유치원과 어린이 주일학교 등에서 성경을 가르친다.

# VI

# 결론 및 제언

본서는 우선 미국 브라이어우드 장로교회의 자국 내 외국인 선교전략이 어느 범위에서 어떤 방식으로 한국교회에 적용될 수 있는가에 초점을 맞추었다. 그리고 이 주제에 따라 자국 내 외국인 선교전략 개발의 중요성, 한국교회의 자국 내 외국인 선교의 일반적 유형들, 한국교회의 자국 내 외국인 선교의 장애 요인들에 대한 분석, 브라이어우드 장로교회의 선교철학, 그리고 효율적인 자국 내 외국인 선교 사역을 위한 브라이어우드 장로교회의 선교 방안 등의 순서로 서술되었다. 이를 결론적으로 요약해 보면 다음과 같다.

## 1. 한국교회의 자국 내 외국인 선교전략 개발의 중요성

한국에서의 지역교회의 자국 내 외국인 선교 사역은 한국교회에 주신 세계 선교를 위한 특별한 선물이다. 한국의 경제성장과 아울러 3D 업종의 인력부족 현상이 심화됨에 따라 외국인 근로자들은 계속 증가하는 추세에 있다. 서론에서 1990년대 초부터 입국하기 시작한 외국인 근로자의 수는 2005년에 약 70만 명에 이르렀다고 밝힌 바 있다. 그리고 이 숫자는 계속 증가하는 추세에 있으며, 미국도 외국인 체류인구의 증가 현상은 한국과 비슷하다. 그러므로 한국과 미국의 외국인 체류자들에 대한 사역의 중요성은 점점 증가하고 있으며, 한국교회가 이 외국인 나그네들을 사랑으로 품고, 효과적으로 세계 선교의 사명을 이루어 가기 위하여 자국 내 외국인 선교전략을 개발하는 것은 매우 큰 중요성을 갖고 있다.

그리고 이 사역의 활성화를 위해서는 지역교회의 참여가 절실하다는 것을 발견할 수 있었다. 선교단체들은 이 사역에서 한계를 가지고 있다. 첫째, 선교비 조달에 어려움이 있다. 둘째, 자원봉사자 모집에도 한계가 있다. 그러나 지교회들은 외국인 선교를 해외선교와 같이 중요시하여 예산을 배정하고 교회의 성도들을 훈련시킨다면 이 분야에 큰 잠재력을 가지고 있다. 내 집 문 앞에 와 있는 세계 여러 민족들을 해외선교에 비하여 상대적으로 적은 비용으로 더욱 효과적인 선교를 할 수 있는 사역이 바로 지교회의 자국 내 외국인 선교이다.

## 2. 한국교회의 자국 내 외국인 선교의 일반적 유형

현재 사역을 하고 있지 않는 교회들의 희망 사역 중 주일 외국인 예배가 응답자의 약 70%에 이를 정도로 1위이고, 한글학교가 두 번째로 55.1%이며, 제자훈련, 성경공부, 그리고 쉼터 제공 등이 50% 안팎이다. 그리고 이 외에도 기타 여러 가지 사역을 같이 하기를 원한다고 대답하였다. 사역을 하고 있는 지교회들은 주일 외국인 예배와 성경공부, 그리고 친교 활동 등에 중심을 두고 있고,

선교단체들은 한글학교, 상담 활동, 의료봉사, 공동체 활동 지원 등 거의 모든 사역들을 동원하고 있다는 것을 알 수 있었다. 이것은 지교회는 전체 교회 사역의 한 부분으로 외국인 사역을 하고 있고, 선교단체의 경우는 전적으로 외국인 사역만을 하기 때문일 것이다.

설동훈 교수가 지원단체와 활동가들에게 "여러 활동 중 가장 우선적으로 전문화하고 싶은 분야를 한 가지만 꼽으라"고 물었을 때 지원단체는 선교와 포교 활동(36.4%), 외국인 노동자 공동체 지원(18.2%), 한글교육(13.6%) 등의 순으로 대답하였고, 활동가들은 선교와 포교 활동(23.9%), 상담 활동을 통한 문제해결(14.2%), 한글교육(11.9%) 등을 지적하였다(2003, 72). 설동훈 교수가 '외국인 노동자 실태 및 지원 서비스 수요 조사'에서 제안한 것처럼, 외국인 사역에도 전문화가 필요하다. 특히 지교회가 이 사역을 감당할 경우 각 교회의 사정에 맞게 분야별로 전문화된 외국인 사역을 펼치는 것이 중복과 낭비를 없애는 효과적인 선교전략이 되리라고 생각된다. 여기서 중요한 것은 이러한 전문화를 위해서는 교파를 초월한 전 교회와 선교단체가 네트워크를 구축해서 서로 정보교환을 하고, 각 교회에 맞는 전문 사역을 발굴하고, 서로의 전문 사역의 발전을 위해 노력하는 협력 사역이 절실하다.


## 3. 한국교회의 자국 내 외국인 선교의 장애 요인들

앞 장에서도 장애 요인들에 대하여 논하였지만, 외국인 사역을 하고 있지 않는 교회들은 자국 내 외국인 사역의 가장 큰 장애는 사역방법을 모른다는 것이며, 다음은 일꾼 부족이라고 하였다. 그리고 외국인 사역을 위하여 가장 필요한 것이 무엇인지에 대한 물음에, 사역을 하고 있지 않는 49개 교회 중 21개 교회(42.9%)가 자원봉사자라고 하였고, 20개 교회(40.8%)가 선교전략이라고 답하였다. 첫째는 일꾼이 필요하고, 둘째는 선교전략, 즉 사역방법을 알아야 할 필요가 있다는 것이다.

사역을 하고 있는 지교회에서는 자원봉사자 부족, 선교전략 부재, 그리고 유급 사역자 초빙 문제가 대등하게 어려운 점으로 여겨지고 있고, 외국인 선교단체에서는 사역비 조달과 자원봉사자 부족이 어려운 점이라고 조사되었다. 필자의 LTM 사역을 통해서는 사역자들이 전문적이지 못한 면도 장애 요인이었고, 쉼터 마련 등의 재정적인 문제가 큰 어려움이었다. 외국인 지원단체에 대한 설동훈 교수의 조사에서도 지원단체의 재정적인 어려움이 큰 것으로 나타났다.

## 4. 브라이어우드 장로교회의 선교철학

첫째, 브라이어우드의 선교철학은 'Briarwood's Ministry Strategy' (브라이어우드의 사역전략)에 압축되어 있다.

둘째, 브라이어우드의 선교철학의 핵심은 하나님을 예배하고 세계를 복음화하기 위하여 신자들을 구비시키는 헌신과, 전도와 제자도, 교회 개척, 교회 재활성화, 긍휼 사역 등의 주요 사역을 통하여 '진원지교회'가 된다는 데에 있다. 이러한 브라이어우드의 진원지로부터 나오는 복음의 진동들이 기도와 전략의 뒷받침 속에서 구역적으로(버밍햄), 지역적으로(앨라배마), 국가적으로(미국), 국제적으로(세계) 하나님의 나라를 확장하는 결과를 가져오기를 촉구한다는 것이다. 여기서 한 가지 주목할 것은 전도와 선교가 중요하지만, 우선순위에 있어서 하나님께 진정한 예배를 드리는 일이 먼저라는 고백이다. 이것은 전도와 선교도 하나님을 예배하는 데에 목적이 있기 때문이라고 본다. 결국 불신자들에게 복음을 전하는 것은 그들도 함께 하나님을 예배하도록 하기 위한 것이기 때문이다.

셋째, '브라이어우드의 가치들'을 통해서도 우리는 브라이어우드의 선교철학을 읽을 수 있다. 즉 철저하게 진리의 말씀과 복음에 기초하여 위로는 하나님을 높이고, 밖으로는 선교와 전도로, 안으로는 포용하고 동화하며, 아래로는 제자화와 성숙을 도모하는 핵분열적 사역철학이다.


## 5. 브라이어우드 장로교회의 자국 내 외국인 선교의 중요성


브라이어우드교회의 외국인 선교의 중요성은 다음의 네 가지로 요약할 수 있으며, 이러한 자국 내 외국인 선교를 통해 많은 외국인들이 그리스도를 영접하였고, 제자화되었고, 여기서 배출된 외국인들이 세계 여러 지역에 지역 기독교 공동체에 종으로서 지도자로서 섬기고 있다.

첫째, 브라이어우드교회와 지역 대학과의 협력 사역으로 대학과의 좋은 관계를 도모하고 외국인 학생과 학자들에게 오랫동안 연속적으로 좋은 평판을 가지고 있다. 즉 브라이어우드는 'Friendship Partners Program'의 운영을 통해서 외국인 학생들과 학자들을 교인들과 '친구들'이 되게 하고 있다.

둘째, 브라이어우드는 외국인들을 위한 '자료 센터'를 가지고 있으며, 여기에는 성경들, 예수와 관련된 비디오들, 세계 여러 언어들로 된 다른 책자들과 복음적 자료들이 있다. 이 자료들은 브라이어우드 교인들과 브라이어우드와 접촉하는 공동체로부터 온 사람들에게도 이용될 수 있다.

셋째, 모국어 회중 사역을 통해 지역 외국인들을 섬긴다. 한국어 회중은 버밍햄에서 가장 큰 한국어 교회 중의 하나이고 담당목사는 이 지역의 한국인 교회와 좋은 관계를 가지고 있다. 앨라배마 주에서 매주 일본어로 예배 드리는 회중은 브라이어우드에만 있다. 브라이어우드의 히스패닉 목사는 7년 이상 본 교회에서 히스패닉 회중 사역을 해 왔고, 지역의 다른 스페인어권 교회들과 잘 연결되어 있다. 그는 교단적(PCA)으로도 히스패닉 사역과 연관하여서 협력 사역을 잘하고 있다.

넷째, 브라이어우드는 교단적 차원에서 ESL(외국인 영어교육) 프로그램을 모범적으로 섬겨 왔고, 자체 프로그램을 넘어서서 지역의 교사 훈련을 제공해 왔다.

# 6. 브라이어우드 장로교회의 자국 내 외국인 선교 방안

브라이어우드의 외국인 선교 방안은 확고한 성경적 사역철학과 전략의 바탕 위에 기본적으로 두 가지 중요한 접근 방식을 가지고 있다. 그것은 영어에 의한 접근(English Language Ministry)과 모국어에 의한 접근(Heart Language Ministry)이다. 회중별로 보면 영어 사역에 하나의 회중이 있고, 모국어 사역에 한국어, 일본어, 그리고 스페인어 세 회중이 있다. 영어 사역에는 아직 모국어 회중 교회를 설립하지 못했지만 중국인과 베트남인이 별도의 성경공부 등의 모임을 가지고 있다. 영어 사역 회중은 BIO 전체 디렉터인 Beau Miller 목사가 직접 담당하고, 세 모국어 회중에는 각각의 전임 Ethnic 목회자가 있다.

첫째, 영어(English Language)에 의한 접근에서 BIO는 영어를 통해 외국인 학생, 학자, 그리고 이주민들에게 나아간다. BIO가 이 사역을 하는 방법은 외국인 주일학교, 소그룹 성경공부, 개인적 제자 훈련, ESL, 리트릿, 사회활동, 'Friendship Partners Program' 등 여럿이 있다. 이 사역의 주요 대상은 중국인, 인도인, 아프리카인, 기타 아시아인들이다. 여기서 ESL 프로그램은 복음전파의 다리를 놓고 외국인들의 영어교육의 필요를 충족시키기 위해 월요일 오전과 수요일 저녁에 체계적으로 운영된다.

둘째, 모국어(Heart Language)에 의한 접근에서 브라이어우드에는 한국어, 일본어, 그리고 스페인어를 사용하는 세 회중이 있으며, 이 회중들은 그 자체 각각 하나의 교회와 비슷하게 기능하고 있다.

그러나 이들은 분명히 브라이어우드교회의 한 부분들이고 당회의
지도를 받는다. 이 회중들의 담당 목회자들은 브라이어우드교회가
소속된 노회의 회원이다. 이 회중들은 주일예배, 성경공부, 기도회,
특별행사, 전도전략 등을 각각 가지고 있다.

## 7. 브라이어우드 장로교회 선교전략의 한국교회 적용

이제 종합적으로 브라이어우드교회의 자국 내 외국인 선교전략
이 어느 범위에서 어떤 방식으로 한국교회에 적용될 수 있는가를
정리해 보기로 한다.

첫째, 지교회의 자국 내 외국인 선교는 미국의 브라이어우드 장
로교회뿐만 아니라 한국교회에서도 큰 중요성을 가진다. 나그네로
서 문 앞에 와 있는 세계 온 족속들의 문화적 적응을 돕고, 생활
의 필요들을 그리스도의 사랑으로 채워 주며, 복음을 나눔으로써
우리 주 예수 그리스도의 지상명령 성취를 앞당길 수 있는 한국과
미국과 세계교회의 공동 사역이다.

둘째, 한국교회의 자국 내 외국인 선교의 장애 요인은 선교전략
과 정보의 부재, 자원봉사자의 부족 등이다. 한국의 외국인 선교단
체의 경우에는 선교비 조달의 어려움과 전문사역자와 일꾼의 부족
을 장애 요인으로 말하고 있다. 한국교회가 이웃에 와 있는 외국
인들을 어떻게 돌볼 수 있는가에 대하여 그 방법을 알게 된다면
외국인 선교가 크게 활성화될 수 있다는 것이다. 앞 장의 설문조

사에서 사역방법만 배우면 시작할 가능성이 있는 교회가 사역을 하고 있지 않는 표본 교회의 30.1%였으며, 지금 외국인 사역을 시작하기 위해 준비하고 있는 교회는 표본 교회의 18.4%였다. 그리고 사역 일꾼 양성을 위한 교육이 제공되어 교회 내에서 사역자를 배출해 낸다면 표본 교회의 26.5%도 사역에 동참하게 할 수 있다. 따라서 한국교회에 외국인 선교전략에 대한 세미나 등의 교육이 시급하다. 그리고 또 다른 설문 결과로 미국의 자국 내 외국인 선교 모델 교회를 소개받기를 원하는 한국교회가 표본 교회의 85.7%나 되었다. 비록 한국과 미국의 환경의 차이로 미국의 모델 교회의 사역방법을 그대로 따라 할 수는 없지만 그 사역의 원리와 철학을 배우고 사역전략과 방법의 유형들을 연구해서 한국과 그 지교회에 알맞게 변화시켜 적용할 수 있을 것이다.

셋째, 선교철학은 성경에 근거하기 때문에 브라이어우드교회의 선교철학은 지역을 초월해서 한국교회에 하나의 모델로서 적용될 수 있다.

넷째, 한국교회의 외국인 선교의 일반적 유형들과 브라이어우드 장로교회의 외국인 선교 방안을 살펴볼 때 유사한 부분들이 많이 있다. 주일 외국인(모국어) 예배, 성경공부 및 제자훈련, 한글학교 또는 ESL, 상담 활동, 친교 활동, 복지 활동 등의 비슷한 유형들을 갖고 있다. 단지 미국에서는 영어교육이 중요한 사역이라면 한국에서는 한글교육이 중요한 사역이고, 미국에서는 유학생들이 많기 때문에 학생들에게 맞는 사역들도 비중 있게 다루어지고 있고, 한국에서는 주로 외국인 근로자 중심의 사역들이라는 것이 조금 다르다. 그리고 브라이어우드교회가 두 가지 중요한 방식, 즉 영어에 의한 접근과 모국어에 의한 접근으로 나누어 자국 내 외국인 선교를 하고 있는데, 이것을 한국교회에서는 변형시켜서 적용할 수 있을 것이다. 한국에서는 영어에 의한 접근, 한국어에 의한 접근, 그리고 모국어에 의한 접근으로 나누어서 선교하는 방안을 생각해 볼 수 있다. 영어가 국제 공통어이기 때문에 한국에서는 영어를 한국어로 대체하기보다는 영어 사역과 한국어 사역을 병행하면서 모국어 사역을 함께 하는 것이 바람직하다고 본다.

## 8. 이상의 7가지 요약들을 토대로 내린 결론

첫째, 효과적인 선교와 사랑의 실천을 위해 한국교회의 자국 내 외국인 선교전략의 개발은 매우 중요하며, 그 중요성은 점점 증가하고 있다. 개인적인 선교단체 등에서 외국인 선교를 감당하기에는 예산과 자원봉사자의 부족으로 인해 한계가 있다. 따라서 한국의 지교회들은 사랑의 대계명의 실천과 예수 그리스도의 지상명령의 효과적 수행을 위해 자국 내 외국인 선교에 적극 동참하고, 그 전략을 개발하는 일에 협력하여야 한다.

둘째, 한국교회의 자국 내 외국인 선교의 장애 요인으로 선교전략 부재, 즉 사역방법을 모른다는 것과 일꾼 부족이 가장 큰 요인들이다. 한국교회는 교단별로 혹은 교회연합 단체들의 주관 아래, 자국 내 외국인 선교 사역에 대한 교육을 위한 세미나 등을 개최하고, 일꾼들을 양성할 수 있는 프로그램을 시급히 개발하여야 한다. 그리하여 한국교회의 문 앞에 와 있는 세계 온 족속들에게 복음을 전할 수 있는 좋은 기회를 선용해야 한다.

셋째, 한국의 지교회에서 활용 가능한 자국 내 외국인 선교를 위한 접근 방안들은 언어적인 면에서 외국인들의 모국어로 접근하는 방법과 영어로 접근하는 방법, 그리고 한국어로 접근하는 방법으로 나눌 수 있으며, 사역 유형들은 모국어 예배, 제자훈련 및 성경공부, 한글학교, 상담 활동, 쉼터 운영, 공동체 지원, 복지 및 친교 활동 등 매우 다양하다. 따라서 우선 교회 주변의 외국인들을 조사해서 어떠한 언어로 접근하는 것이 가장 좋은지를 결정해야 하고, 나아가 그들이 실제로 필요로 하는 것이 무엇인지를 파악해서 그 필요를 그리스도의 사랑으로 채워 주는 방법이 무엇인가를 연구하고 개발해야 한다. 주위의 다양한 선교 방안들을 수집해서 그것들을 연구하되, 각 지교회 주변 외국인들에게 알맞고 가장 효과적인 선교 방안을 찾아서 각 지교회에 적합하게 적용해야 한다.

넷째, 미국교회 중 자국 내 외국인 사역을 모범적으로 하는 한 교회를 한국교회에 소개하는 것을 한국교회가 원하고 있고, 이는 한국교회의 외국인 선교의 발전을 위한 하나의 방안이다. 미국 버밍햄의 브라이어우드 장로교회는 성경에 기초한 분명한 선교철학과 전략을 가지고 영어와 외국인들의 모국어로 접근하는 효과적인 선교 방안들을 가지고 있다. 한국교회는 브라이어우드교회의 선교철학을 참고하여 성경에 입각한 선교철학을 정립하고 이를 교인들에게 의도적으로, 그리고 계속적으로 가르쳐서 교인들이 선교에 대한 비전을 확고히 가지고 헌신할 수 있도록 해야 한다. 그리고 브라이어우드교회의 선교전략과 방법을 연구하여 한국교회의 상황에

맞게 변화시켜 적용하도록 해야 하며, 브라이어우드교회의 자국 내
외국인 선교를 하나의 타산지석으로 삼아 한국교회의 각 지교회에
맞는 전문적인 외국인 사역들을 개발해 가야 한다.


## 9. 제언


본서를 근거로 이 분야에 관하여 계속 연구할 과제를 필자는 다
음과 같이 몇 가지 제안하고자 한다.

첫째, 한국교회의 자국 내 외국인 선교의 장애 요인 중 자원봉
사자와 전문적인 사역자의 부족이 큰 요인이다. 어떻게 하면 자원
봉사자를 동원하며, 전문적인 사역자를 양성할 것인가가 하나의 큰
과제이다. 한국의 외국인 선교의 발전을 위해 이것은 좋은 연구
과제가 될 것이다.

둘째, 미국의 ACMI처럼 교파를 초월한 전체 교회와 선교단체들
의 외국인 선교 네트워크를 구성하는 것이 또한 한국교회의 중요
한 과제이다. 이 네트워크를 어떻게 조직하며 운영해 갈 것인가에
대하여 연구한다면 한국교회의 자국 내 외국인 선교의 발전을 위
해 좋은 과제가 될 것이다.

셋째, 한국교회의 외국인 선교가 활발해지게 되면 사역들이 중
복되어 낭비가 발생할 수 있다. 설동훈 교수도 외국인 지원단체들
의 전문화가 필요하다고 지적하였는데, 각 교회들이 자기 교회에
맞는 전문적인 사역을 어떻게 개발할 것인가에 대한 연구가 필요

하다고 생각된다. 효과적이고 협력적인 외국인 사역을 위해 교회의 상황에 따라 어떻게 전문적인 사역을 개발할 것인가에 대하여 구체적으로 연구한다면 지교회의 자국 내 외국인 선교에 큰 기여가 될 것이다.

Allen, Roland. 1995. Missionary Methods. Grand Rapids: Eerdmans
  Publishing Co.

Bolt, Peter and Mark Thompson ed. 2000. *The Gospel to the Nations*.
  Downers Grove: Intervarsity Press.

Calvin, John. 2005. *Commentaries*.
  http://www.ccel.org/ccel/calvin/commentaries. i.html. 2007년 11월 9일
  검색.

Clark, Charles A. 1971. *Nevius Methods*. pp.33 – 34; A. C. Clark. *A
  History of the Church in Korea*. Seoul: C.L.S. p.112를 인용한 김남
  식 편. 1995. *네비우스 선교방법*. 서울: 성광문화사. pp.162 –
  163를 재인용.

Cook, Harold R. 1963. *Strategy of Missions*. Chicago: Moody Press.

Crawley, Winston. 1985. *Global Mission: A Story to Tell; An Interpretation
  of Southern Baptist Foreign Missions*. Nashville, Tenn.: Broadman
  Press, 26, Quoted in Smith, Ebbie. 1998. "Introduction to the
  Strategy and Methods of Missions." *Missiology*, ed. John Mark
  Terry, Ebbie Smith, and Justice Anderson. Nashville: Broadman &
  Holman Publishers, 434.

Dayton, Edward R., and David A. Fraser. 1980. *Planning Strategies for
  World Evangelization*. Grand Rapids: William B. Eedmans
  Publishing Company, 13. Quoted in Smith, Ebbie. 1998.
  "Introduction to the Strategy and Methods of Missions." *Missiology*,

ed. John Mark Terry, Ebbie Smith, and Justice Anderson. Nashville: Broadman & Holman Publishers, 434.

Dayton, Edward R., and David A. Fraser. 1980. *Planning Strategies for World Evangelization*. Grand Rapids: William B. Eedmans Publishing Company, 32 – 37. Quoted in Smith, Ebbie. 1998. "Introduction to the Strategy and Methods of Missions." *Missiology*, ed. John Mark Terry, Ebbie Smith, and Justice Anderson. Nashville: Broadman & Holman Publishers, 441 – 442.

Dekker, John T. J. 1988. A new look at mission strategy. D.Min. diss., Reformed Theological Seminary.

Duren, James and Rod Wilson. 1983. *The Stranger Who Is Among You*. William Carey Library. quoted in Internet {http://www. ethnicharvest.org/links/opportunities.htm}.

______. 1983. *Cross – Cultural Activities for Churches*. quoted in Internet{http://www.ethnicharvest.org/links/activities.htm}.

Hesselgrave, David J. 1980. *Planting Churches Cross – Culturally: A Guide for Home and Foreign Missions*. Grand Rapids: Baker Book House.

__________. 1994. *Scripture and strategy: the use of the Bible in postmodern church and mission*. Pasadena, Calif.: W. Carey Library.

Jongeneel, Jan A. B. 1995. *Philosophy, science, and theology of mission in the 19th and 20th centuries: a missiological encyclopedia*. New York, N. Y.: P. Lang.

Larsen, Samuel H. 2007. *Intercultural Leadership Class Notes*. Jackson, MS: Reformed Theological Seminary.

Lau, Lawson. 1984. *The World at Your Doorstep*. Downers Grove, Illinois: Intervarsity Press.

Lingenfelter, Sherwood G. and Marvin K. Mayers. 2006. *Ministering Cross – Culturally: An Incarnational Model for Personal Relationships*. Grand Rapids: Baker Academic.

Kaiser Jr., Walter C. 2000. *Mission in the Old Testament*. Grand Rapids: Baker Books.

Kruger, Nancy. 1994. *Ethnic Church Planting: A Documentation of the Work of Dr. Chris Thomas*.[Internet] http://www.ethnicharvest.org/links/articles/krugerfocus.html

Metzger, Will. 2002. *Tell the Truth*. Downers Grove: Intervarsity Press.

Neill, Stephen. 1964. *A History of Christian Missions*. Baltimore, Md.: Penguin Books, 263. Quoted in Smith, Ebbie. 1998. "Introduction to the Strategy and Methods of Missions." *Missiology*, ed. John Mark Terry, Ebbie Smith, and Justice Anderson. Nashville: Broadman & Holman Publishers, 439.

Noll, Mark A. 2002. *The Old Religion in a New World: The History of North American Christianity*. Grand Rapids: Eerdmans Publishing Co.

Ortiz, Manuel. 1996. *One New People*. Downers Grove: Intervarsity Press.

PCA 홈페이지. http://www.pcanet.org/general/history.htm. 2007년 9월 21일 검색.

Peters, George W. 1984. *A Biblical Theology of Missions*. Chicago: Moody Press.

Riesner, Rainer. 1998. *Paul's early period: chronology, mission strategy, theology*. translated by Doug Stott. Grand Rapids, Mich.: W.B. Eerdmans.

Smith, Ebbie. 1998. "Introduction to the Strategy and Methods of Missions." *Missiology*, ed. John Mark Terry, Ebbie Smith, and Justice Anderson. Nashville: Broadman & Holman Publishers.

Soper, Edmund Davison. 1943. *The philosophy of the Christian world mission*. New York, Nashville: Abingdon－Cokesbury Press.

Van Rheenen, Gailyn. 1996. *Missions: biblical foundations and contemporary strategies*. Grand Rapids: Zondervan Publishing House.

Wagner, Peter. 1992. *기독교 선교전략*. 전호진 역. 서울: 생명의 말씀사.

Warren, Rick. 2005. *새들백교회 이야기*. 김현회, 박경범 공역. 서울: 도서출판 디모데.

Waters, Malcolm. 1998. *Globalization*. London: Clays Ltd.

Westing, Harold J. 1993. *Create and Celebrate Your Church's Uniqueness*. Grand Rapids: Kregel Publishing Co. p.25를 인용한 김은수. *교회활성화와 성장 강의안*. RTS. p.52를 재인용.

Wikipedia. http://en.wikipedia.org/wiki/Briarwood_Presbyterian_Church. 2008년 1월 10일 검색.

글라서, 아더 and 도날드 맥가브란. 1995. *현대선교신학*. 고환규 역. 서울: 도서출판 성광문화사.

김남식 편. 1995. *네비우스 선교방법*. 서울: 성광문화사.

김남식. 2002. 「한국교회의 선교역사」, *신학지남* 2002년 가을호(통권 272호). 서울: 신학지남사.

김성태. 1994. *세계 선교전략사*. 서울: 생명의 말씀사.

김연택. 1997. *21세기 건강한 교회*. 서울: 도서출판 제자.

김은수A. 2007. *교회활성화와 성장 강의안*. Reformed Theological Seminary.

김은수B. 2002. *현대 선교의 흐름과 주제*. 서울: 대한기독교교서회.

김주자. 2003. 「대한민국의 난민정책을 둘러싼 변화요인과 환경분석」, 석사학위논문. 서강대학교공공정책대학원.

김진형. 1993. 「한국교회의 만주선교」, *기독교 사상*. 1993년 5월호(통권 제413호). 서울: 대한기독교서회.

김호정. 2005. *서울경제* 2005년 7월 24일 입력. http://www.jakunjari.or.kr/cgi/read.cgi?board=eng_05&nnew=2&y_number=55. 2007년 6월 20일 검색.

뉴스파워. 2006. 8월 10일.http://kin.naver.com/detail/detail.php?d1id=6&dir_id=60301&eid=sqF1zIFJCeRiMe30crNIM7DovvIicyYj&qb=vLGxs7rxILrxwLI=. 2008년 2월 16일 네이버 지식iN에서 검색.

대한민국 통계청 홈페이지. http://kosis.nso.go.kr/Magazine/NEW/KP/KP0408.xls. 2007년 6월 20일 검색.

대한예수교장로회총회사회부 편. 2000. *21세기의 도전과 문화선교*. 서울: 한국장로교출판사.

데이톤, E. R. and D. A. 프레저. 2002. *세계 선교의 이론과 전략*. 곽선희, 김종일, 이요한 공역. 서울: 한국장로교출판사.

롤랜드, 스탠. 2003. *21세기 세계 선교의 새로운 패러다임*. 정길용 역.
　　　서울: 도서출판 이레닷컴.

리더, 해리 L. 2004. *다시 불길로 타오르게 하라*. 송영일 역. 서울: 도서
　　　출판 국제제자훈련원.

민경배. 1980. *한국기독교회사*. 서울: 대한기독교서회.

박천응. 2003. 「외국인 노동자 운동과 지원단체의 활동 전망」, *국경과
　　　인종, 피부색과 문화의 차이를 넘어 평등과 연대를 향해*. 서울:
　　　이주 노동자지원단체연대. pp.33 – 53. 설동훈. 2003. 「외국인 노
　　　동자 실태 및 지원 서비스 수요조사」, 서울: 한국국제노동재단.
　　　p.24에서 재인용.

백낙준. 1985. *한국개신교사*. 서울: 연세대학교 출판부.

보쉬, 데이비드 J. 2000. *변화하고 있는 선교*. 김병길, 장훈태 역. 서울:
　　　기독교문서선교회.

　　　　　　　　　. 1991. *선교신학*. 전재옥 역. 서울: 도서출판 두란노.

설동훈. 2003. 「외국인 노동자 실태 및 지원 서비스 수요조사」, 서울:
　　　한국국제노동재단.

솔토우, T. S. 1993. *현대선교전략*. 신홍식 역. 서울: 크리스찬비전하우스.

이영헌. 1989. *한국기독교사*. 서울: 컨콜디아사.

이정암. 1996. *타 문화권 선교전략*. 서울: 쿰란출판사.

이태웅. 1998. *한국교회의 해외선교*. 서울: 죠이선교회출판부.

전호진. 1995. *아시아 기독교와 선교전략*. 서울: 도서출판 영문.

정필도. 2005. *교회는 무릎으로 세워진다*. 서울: 도서출판 두란노.

채은수. 1991. *선교학 총론*. 서울: 기독지혜사.

한국전문인선교회 편. 2000. *선교의 패러다임이 바뀐다*. 서울: 예영커뮤
　　　니케이션.

히버트, 폴 G. 1987. *문화 속의 선교*. 채은수 역. 서울: 총신대학 출판부.

히버트, 폴 G. and 엘로이스 히버트 메네시스. 1998. *성육신적 선교 사
　　　역*. 안영권, 이대현 공역. 서울: 기독교문서선교회.

케인, 허버트. 1993. *세계 선교 역사*. 신서균, 이영주 공역. 서울: 기독
　　　교문서선교회.

피터슨, 유진 and 마르바 던. 2001. *껍데기 목회자는 가라*. 차성구 역.
　　　서울: 좋은 씨앗

# 지역교회 설문지

## Ⅰ. 먼저 설문의 표본을 위한 기본적인 질문입니다.

1. 목사님께서 섬기시는 교회의 소속 교단은 어디입니까?(      )

2. 목사님께서 섬기시는 교회의 위치는 어느 지역입니까?(      )

3. 목사님께서 섬기시는 교회의 교인(장년) 출석수는 얼마나 되십니까?(      )

① 100명 이하      ② 100 – 200명      ③ 200 – 500명

④ 500 – 1,000명      ⑤ 1,000명 이상

4. 목사님 교회는 국내 외국인(근로자, 유학생 등)들을 위한 사역을 펼치고 있으십니까?(      )

① 펼치고 있다      ② 펼치고 있지 않다

* 4번 질문에서 ①번을 답하신 경우는 바로 다음의 Ⅱ번 질문에 대해서만 답해 주시고, ②번을 답하신 경우는 Ⅱ번을 건너뛰고 Ⅲ번 질문에만 답해 주시기 바랍니다.

Ⅱ. 다음은 교회 내에서 외국인 사역을 하시는 목사님을 위한 질문입니다.

1. 목사님 교회에서는 외국인 사역을 언제 시작하셨습니까?
( )년도

2. 어느 민족에 대한 사역을 하고 계십니까?( )

3. 외국인 출석 인원은 몇 명 정도입니까?( )명

4. 현재 어떤 종류의 외국인 사역을 하고 계십니까?
* 해당되는 번호를 모두 기록해 주시고, 기타 사역이 있으시면 별도로 기록해 주십시오.( )
① 주일 외국인 예배 ② 제자훈련 ③ 성경공부 ④ 한글학교
⑤ 의료봉사 ⑥ 무료 이발 ⑦ 상담 활동(임금체불, 법률문제 등)
⑧ 쉼터 제공 ⑨ 친교 활동(체육, 관광) ⑩ 공동체 활동 지원
⑪기타( )

5. 외국인 예배에 사용되는 언어는 어떤 언어입니까?( )

6. 외국인 선교전략에 대한 세미나 등의 교육을 받아 보신 적이 있으십니까?( )
① 3회 이상 받아 보았다 ② 1-2회 받아 보았다
③ 받아 보지 못했다

7. 만약 미국에서 모범적으로 외국인 사역을 하는 교회의 선교 전략을 한국에 소개한다면 도움이 되겠습니까?( )
① 매우 그렇다　　② 그렇다　　③ 모르겠다
④ 아니다　　⑤ 매우 아니다

8. 목사님 교회의 선교비 예산은 전체의 몇 %이며 국내 외국인 사역비는 그중 몇 %입니까? 총 선교비: 교회 총예산의 (　　　)%,외국인 사역: 전체 선교비의 (　　　)%

9. 사역에 보람이 있고 다른 교회에 꼭 권하고 싶으신지요?(　　　)

① 매우 그렇다　　　② 그렇다　　　③ 모르겠다

④ 아니다　　　⑤ 매우 아니다

10. 사역에서 가장 어려운 점은 무엇입니까?(　　　)

① 유급 사역자 초빙문제

② 자원봉사자 부족

③ 사역비 조달

④ 선교전략 부재

⑤ 기타(　　　　　)

11. 목사님 교회에서 유급 외국인 출신 사역자가 사역을 하고 있으신지요?(　　　)

① 사역하고 있다

② 사역하고 있지 않다

③ 곧 초빙할 예정이다

12. 기타 국내 외국인 사역의 발전을 위해 꼭 말씀하고 싶으신 것이 있으시면 기록해 주십시오.

Ⅲ. 다음은 교회 내에서 외국인 사역을 하지 않으시는 목사님을 위한 질문입니다.

1. 목사님 교회에서 외국인 사역을 하시지 않는 이유는 무엇입니까?(　　)
① 일꾼이 없다
② 재정적으로 어렵다
③ 사역방법을 잘 모른다
④ 시작하기 위해 준비하고 있다
⑤ 필요성이 없다
⑥ 기타(　　　　　)

2. 국내 외국인 사역에 대한 정보를 어느 정도 가지고 계십니까?(　　)
① 매우 많이　　② 많이　　③ 보통　　④ 조금　　⑤ 매우 조금

3. 외국인 선교전략에 대한 세미나 등의 교육이 필요하다고 생각하십니까?(　　)
① 아주 필요하다　　② 필요하다　　③ 어느 정도 필요하다
④ 필요 없다　　　　⑤ 아주 필요 없다

4. 앞으로 사역을 하신다면 어떠한 사역을 하시기를 원하십니까?(　　)
* 해당되는 번호 모두 기록해 주시고, 기타 사항이 있으시면 기록해 주십시오.
① 주일 외국인 예배 ② 제자훈련 ③ 성경공부 ④ 한글학교

⑤ 의료봉사 ⑥ 무료 이발 ⑦ 상담 활동(임금체불, 법률문제 등)

⑧ 쉼터 제공 ⑨ 친교 활동(체육, 관광) ⑩ 공동체 활동 지원

⑪ 기타(      )

5. 만약 주일 외국인 예배를 드린다면 어떤 민족 예배를 드리실 것인지요?(      )

6. 외국인 예배를 드릴 경우 유급 외국인 출신 사역자가 필요하다고 생각하시는지요?(      )

① 필요하다   ② 모르겠다   ③ 필요 없다

7. 미국에서 모범적으로 외국인 사역을 하는 교회의 선교전략을 한국에 소개한다면 도움이 되실까요?(      )

① 매우 그렇다     ② 그렇다        ③ 모르겠다

④ 아니다          ⑤ 매우 아니다

8. 목사님 교회의 자국 내 외국인 사역을 위해 가장 필요한 것은 무엇이라고 보시는지요?(      )

① 유급 사역자     ② 자원봉사자    ③ 사역비

④ 선교전략         ⑤ 기타(      )

9. 목사님 교회의 선교비 예산은 전체의 몇 %이며 국내 외국인 사역을 시작하실 경우 사역비는 그중 몇 %를 배분하실 예정입니까?

총 선교비: 교회 총예산의 (      )%,

외국인 사역: 전체 선교비의(      )%

10. 기타 국내 외국인 사역의 발전을 위해 꼭 말씀하고 싶으신 것이 있으시면 기록해 주십시오.

# 선교단체 설문지

1. 목사님(선교사님)께서는 외국인 사역을 언제 시작하셨습니까?

( )년도

2. 사역을 하시는 지역은 어디입니까?( )

3. 어느 민족에 대한 사역을 하고 계십니까?( )

4. 외국인 출석 인원은 몇 명 정도입니까?( )명

5. 현재 어떤 종류의 외국인 사역을 하고 계십니까?

* 해당되는 번호를 모두 기록해 주시고, 기타 사역이 있으시면 별도로 기록해 주십시오.( )

① 주일 외국인 예배 ② 제자훈련 ③ 성경공부 ④ 한글학교

⑤ 의료봉사 ⑥ 무료 이발 ⑦ 상담 활동(임금체불, 법률문제 등)

⑧ 쉼터 제공 ⑨ 친교 활동(체육, 관광) ⑩ 공동체 활동 지원

⑪기타( )

6. 외국인 예배와 성경공부 등에 사용되는 언어는 어떤 언어입니까?( )

7. 외국인 선교전략에 대한 세미나 등의 교육을 받아 보신 적이 있으십니까?(　　)

　① 3회 이상 받아 보았다

　② 1-2회 받아 보았다

　③ 받아 보지 못했다

8. 선교비는 어떻게 조달되고 있습니까?(　　)

　① 교회 및 개인 후원　② 자비량　③ 기타(　　　　)

9. 후원받는 선교비가 전체 지출의 몇 %입니까?(　　)%

10. 모자라는 사역비를 어떻게 충당하십니까?(　　)

　① 빚을 낸다　② 후원자를 추가로 모집한다　③ 기타(　　　　)

11. 사역에서 가장 어려운 점은 무엇입니까?(　　)

　① 유급 사역자 초빙문제 ② 자원봉사자 부족 ③ 사역비 조달

　④ 선교전략 부재 ⑤ 기타(　　)

12. 목사님(선교사님) 선교회에서 유급 외국인 출신 사역자가 사역을 하고 있으신지요?(　　)

　① 사역하고 있다

　② 사역하고 있지 않다

　③ 곧 초빙할 예정이다

13. 사역에 기쁨이 있고 보람을 느끼고 계신지요?(　　)

　① 매우 그렇다　　② 그렇다　　　③ 모르겠다

　④ 아니다　　　　⑤ 매우 아니다

14. 기타 국내 외국인 사역의 발전을 위해 꼭 말씀하고 싶으신 것이 있으시면 기록해 주십시오.

이순홍 ─────────────────────────────────

**▌약력**

　서울대학교 농학사
　총신대학교 목회학석사
　총신대학교 신학석사
　미국 리폼드 신학대학원 목회학박사
　총신대학교 철학박사

　수원진흥교회 장로 역임
　평택서부교회 담임목사 역임
　빛과진리외국인선교회 지도목사

**▌주요논문**

「개혁주의 칭의와 성화의 관계 연구」 총신대학교 박사학위 논문
「요한계시록 17:8-14, 『짐승의 비밀』 해석 연구」 총신대학교 석사학위 논문


외국인 선교를 위한 디딤돌

지교회의 자국 내
# 외국인 선교전략

**초판인쇄** ｜ 2009년 3월 10일
**초판발행** ｜ 2009년 3월 10일

**지은이** ｜ 이순홍
**펴낸이** ｜ 채종준
**펴낸곳** ｜ 한국학술정보㈜
**주　소** ｜ 경기도 파주시 교하읍 문발리 513-5 파주출판문화정보산업단지
**전　화** ｜ 031) 908-3181(대표)
**팩　스** ｜ 031) 908-3189
**홈페이지** ｜ http://www.kstudy.com
**E-mail** ｜ 출판사업부　publish@kstudy.com

**등　록** ｜
**가　격** ｜ 25,000원

ISBN　978-89-534-1354-2 93230 (Paper Book)
　　　　978-89-534-1355-9 98230 (e-Book)

내일을여는지식 은 시대와 시대의 지식을 이어 갑니다.